U0938987

珍藏本
纪念版

汉译世界学术名著丛书

哲学片段

〔丹麦〕克尔凯郭尔 著

翁绍军 译

2017年·北京

Johannes Climacus

(ed. S. Aa. Kierkegaard)

PHILOSOPHISKE SMULER

Søren Aabye Kierkegaard

(1813—1855)

克尔凯郭尔　丹麦神哲学家

汉译世界学术名著丛书
（120年纪念版·珍藏本）
出 版 说 明

2017年2月11日，商务印书馆迎来120岁的生日。120年前，商务印书馆前贤怀揣文化救国的理想，抱持“昌明教育，开启民智”的使命，立足本土，放眼寰宇，以出版为津梁，沟通中西，为中国、为世界提供最富智慧的思想文化成果。无论世事白云苍狗，潮流左右激荡，甚至战火硝烟弥漫，始终践行学术报国之志，无改初心。

逐译世界各国学术名著，即其一端。早在20世纪初年便出版《原富》《天演论》等影响至今的代表性著作，1950年代后更致力于外国哲学和社会科学经典的译介，及至1980年代，辑为“汉译世界学术名著丛书”，汇涓为流，蔚为大观。丛书自1981年开始出版，历时三十余年，迄今已推出七百种，是我国现代出版史上规模最大、最为重要的学术翻译工程。

丛书所选之书，立场观点不囿于一派，学科领域不限于一门，皆为文明开启以来，各时代、各国家、各民族的思想与文化精粹，代表着人类已经到达过的精神境界。丛书系统译介世界学术经典，引领时代思想，为本土原创学术的发展提供丰富的文化滋养，为推动中国现代学术和现代化进程做出了突出的贡献。

为纪念商务印书馆成立120周年，我们整体推出“汉译世界学术名著丛书”120年纪念版的珍藏本，寄望既利于文化积累，又便于研读查考，同时向长期支持丛书出版的译者、编者和读者致以敬意。

两甲子后的今天，商务印书馆又站在了一个新的历史时间节点上。我们不仅要铭记先辈的身影和足迹，更须让我们的步伐充满新的时代精神。这是商务人代代相传的事业，更是与国家和民族的命运始终紧密相连的事业。我们责无旁贷，必须做好我们这代人的传承与创造，让我们的努力和成果不仅凝聚成民族文化的记忆，还能成为后来人可以接续的事业。唯此，才能不负前贤，无愧来者。

商务印书馆编辑部

2017年10月

中译本前言

丹麦哲人克尔凯郭尔[S. Aa. Kierkegaard(亦译基尔克果、克尔凯戈尔、祁克果),1813—1855]在现代思想史上占有重要位置,对 20 世纪的哲学、神学、文学均有深远影响,这种影响的持久效力并不仅限于由生存哲学(海德格尔、雅斯贝尔斯)、辩证神学(巴特)和生存神学(布尔特曼、布伯)来概括或衡量。

本书是克尔凯郭尔思想的基本要素的简洁明晰的表达,亦是其五部主要的基督思想论著的第一部(1844)。书名虽为《哲学片段》,实以基督信仰为论述主题。书中提出的"直接信仰"("与上帝的直接关系")的论点,在我看来,是自路德之后,基督思想史中唯信论的一次重大推进,具有思想里程碑的意义。

全书在知识与信仰、苏格拉底遗训与福音书之间的紧张中展开思想论辩,力图确立新的思想认知——信仰、新的思想预设——罪的意识、新的思想决断——瞬间和新的思想之师——在时间中显现的上帝。

克尔凯郭尔在本书中展开的思想对汉语神学的未来建构尤其具有启发性,每一代基督徒在生存论意义上与使徒们一样,直接面对上帝的临在;主耶稣的同龄人(使徒们)的传言,仅是后世基督徒与上帝见面的机缘,而使徒们与上帝的同时性亦仅只是个机缘,后世信仰者的认信本质上是个体在属己的生活决断中采纳上帝的恩典。克尔凯郭尔还强调,基督思想的资源是从新约福音书起始的,而非从旧约《创世记》起始的。这些论题都旨在阐明“直接信仰”的意涵，汉语神学思想若要摆脱种种民族论、中西二元景观、本土化论之拘限，转向与上帝的直接关系，实有必要借助于克尔凯郭尔的思想机缘。

克尔凯郭尔原打算写一套哲学小册子，本书是其中的第一篇，手稿的最后抄本标明“No. 1：一个教义的-哲学的问题”，出版时删去了序号，并改名为《哲学片段，或哲学的一个片段》。这个标题表明它反驳黑格尔式的体系哲学和思辨神学思想的用意。

本书用克利马科斯（Johannes Climacus）的笔名发表，克尔凯郭尔的本名署为编者。* 克尔凯郭尔的著作，除宗教作品外，大都用笔名发表，这是他精心构想并一直保持的一个特点。宗教著作不用笔名，乃因为这类著作是其基督信仰的直接表达，可坦然地道出本名；其他著作则带有思想尝试的性质，其论述不能确定是他自己的主张。本书原并未打算用笔名，手稿的最后抄本仍署本名，可见本书乃属于克尔凯郭尔的宗教思想作品。出版时，克尔凯郭尔改署笔名，推究原因，大概与当时神学界和教会界的状况有关。如果我们考虑到，汉语神学界和教会界迄今仍有拒认克尔凯郭尔的基督思想的情形，当时克尔凯郭尔的处境也可以想见。

克尔凯郭尔开创了教会建制外的基督思想的先河和典范，是文化基督徒的一个前驱。本书汉译本之面世，尽管过迟，却并非不合时宜。

刘小枫

一九九四年十月香港道风山

* 为简便清晰起见，我们将此中译本的原著者直接署名为克尔凯郭尔。——编者

一个历史的起点能提供一种永恒意识吗?

这样一个起点怎么可能不止只有历史的兴趣?

永恒幸福能依赖历史知识吗?[①]

---

① 在手稿中,扉页上的这段题词原先是:

我怎样去获得我的永恒意识的一个历史起点?对我来说,这一历史起点怎样才可以不止只有历史的兴趣?我怎样才可能将我的永恒幸福建立在历史知识之上?

德国哲学家莱布尼茨(Leibniz)曾区分了两类真理:推理的真理和事实的真理,他认为推理的真理是必然的,而事实的真理不可能是必然的。永恒和历史分别对应了这两类真理,而永恒和历史的关系问题则成了宗教与哲学所探讨的中心问题。克尔凯郭尔正是从这一中心问题出发,接连提出了作为扉页题词的三个问题。不要以为他将对这三个问题回答一个是与否。他习惯把自己所提的问题当作论述的出发点,而不是当作一个要求明确回答的疑题。这里所提的问题,其实本身就是个荒谬的问题,它们要探讨,永恒的意识是否可以从短幅的历史起点获得,也就是说,作为永恒真理的基督教是否会有一个短幅的开端,比如,是否以耶稣作为上帝来到人间为开端。实际上,《哲学片段》各章的讨论都围绕着这个问题。

在这段题词中,"幸福"的丹麦文为 Salighed,它具有幸福、极乐、幸运、有福、拯救等多重含义,克尔凯郭尔更用它意指体现人的智慧与道德的幸福。这种幸福跟苏格拉底所理解的幸福相一致。在柏拉图的《申辩篇》(*Apologia*)中,苏格拉底向雅典人表白说:"我力图规劝你们每个人不要多想实际的利益,而要多关注灵魂和道德的改善;或者说不要多想获利,而要多关心城邦的改善"(36c),他以为由此能给雅典人带来真正的"幸福"。*

* 注释为译者参照其他译本的注释所做。下同。——编者

好好地吊死常常可以防止坏的婚姻

莎士比亚[①]

---

① 这段话出自莎士比亚(Shakespeare)的喜剧《第十二夜》,译文引自《莎士比亚全集》第四册(人民文学出版社,1978年版,第16页)。剧中伯爵小姐奥丽维娅家的女仆对小丑说,他在外面鬼混,小姐找不到他,会把他吊死,或者把他赶出门,小丑回答女仆说:"好好地吊死常常可以防止坏的婚姻。"克尔凯郭尔引用这段话,有完全不同的含意。他用来描述自己的心态:通常作品问世后,作者就被"吊"着,这当然是不幸的,但比起作者与整个世界不幸的"姻亲关系"来,好好吊死要胜过这种坏的姻亲关系。

目　　录

绪　言

这里提供给读者的只是一本小册子，作者自主命题，自负文责，自费出版（proprio Marte，propriis auspiciis，proprio stipendio），[①]他当然没有资格去自命这是精深的科学事业的一部分。大家都知道，谁一旦从事这种事业，无疑就获得了合法的资格，身价可为之一变，坦途可为之敞开，他大小场合必到，或作指导，或下结论，或做帮手，或做志愿随员，或成为一个英雄，至少也可以成为一个相对的英雄，抑或再退一步，也是一个绝对的吹鼓手。而我所提供给读者的只不过是本小册子，即使我像霍尔堡[②]笔下的那位硕士，[③]如果情况允许的话（Volente Deo），另外再接续写上 17 本小册子，这种状况也不会因此而改观。要使它有所改观的话，只有让半小时写篇短文的作者去写点别的东西，即使让他去写对开本也行。总之，这篇作品是跟我的才能相称的，我像如是宣称的那个罗

---

① 这样的表述模仿古罗马思想家西塞罗（Cicero）在《演说集》（*Philippics*）中的口气。

② 霍尔堡（Ludvig Holberg，1684—1754）丹麦喜剧作家，有“北方莫里哀”之称。主要作品有《政治工匠》、《山上的耶柏》、《乌品塞斯 · 冯 · 伊塔西亚》、《埃拉斯穆斯 · 孟塔努斯》（*Erasmus Montanus*）等。

③ 那位硕士夸口说：“我循着古人的足迹走，其中的证据后天将被发现，那时，如果情况允许的话，我将为我的论文辩护。”

马人[①]一样，也是出于情有可原的动机而不是出于懒惰（merito magis quam ignavia）才愿意为现存制度效劳的，我仅仅是恣情个人的爱好（ex animi sententia）又乐此不疲的一个并不懒惰的游手好闲者。但我也不想因为逃避公事（ἀπραγμοσύνη）[②]而自感内疚，在任何时代逃避公事都是一种政治罪过，尤其是在一个骚动的时代，古时候每遇骚动期间，此罪甚至可惩处死刑。[③] 不过，假定由于他人的干预，而确实对自己引起混乱的更大罪过感到内疚——从而使人留意自己的职责，那对这个人来说岂不更好吗？那岂不是使每个人自己的脑力工作跟公众利益恰好一致起来，并恰好一致得简直难以确定他在多大程度上是关心自己的利益或是关心公众的利益。在叙拉古城（Syracuse）被占领时，阿基米德（Archimedes）[④]不是仍泰然自若地坐着，凝视着他的那些圆吗？并且他那句精彩的话——“不要弄乱我的圆”（“nolite perturbare circulosmeos”）——不就是对屠杀他的罗马士兵说的吗？但没有这种福

① 指罗马政治家和历史学家萨卢斯特（Sallust，前86—前34），他在历史著作《朱古达战争》（*Jugurtha*）中写道：“他宁可记载史实而不愿从事政治，这出于情有可原的动机而不是出于懒惰。”

② 逃避“公事”见苏格拉底的学生色诺芬（Xenophon）的《回忆录》（*Memorabilia*）卷三第十一章，苏格拉底拿自己的悠闲生活开玩笑地说：“……我可是个极不容易得到有闲工夫的人。因为有许多私事和公事简直使我忙得不可开交。”

③ 根据古希腊梭伦（Solon）的法律，拒不参加公民辩论的雅典人，应被剥夺作为一个公民的权利。

④ 阿基米德（约前287—前212），古希腊数学家、科学家和发明家，理论力学的创始人，当罗马人攻陷叙拉古城时，他正在沙地上画数学图形，不幸被杀。事后罗马人为他隆重安葬，并在墓地上建有圆球内切于圆柱体的标记，以纪念他对几何学的杰出贡献。

分的人应当寻找另一类榜样。当腓力[①]威胁要围困科林斯城(Corinth)时,全城居民都紧张忙碌起来,有的在擦亮自己的武器,有的在收集石块,还有的在修补城墙,第欧根尼[②]目睹这一切,便迅即束好自己的披篷,匆匆地滚动他的那只木桶满街地跑。当被问及为什么要那样做时,他回答说:我滚我的木桶,这也是在做事,那样,大家都在忙碌着,我就不会是唯一袖手旁观的。如果说,亚里士多德把诡辩术定义为赚钱的技艺[③]大体上是正确的话,那么,第欧根尼的这一举动至少不是诡辩的。这一举动至少不致引起任何误会,因为实在难以设想真会有人渴望想把第欧根尼当做这座城市的救星和恩人。因此,当然也不可能真会有人渴望把具有世界史意义的重要性归于一本小册子(那至少在我看来是可能威胁到我的计划的最危险的东西),或去设想这本小册子的作者,是我们亲爱的哥本哈根市民已久久期盼的同姓的戈尔德卡尔布[④]。要

① 腓力(前382—前338),即马其顿国王腓力二世。在他童年时,马其顿王国还四分五裂,他曾一度充当人质,回马其顿后继承兄位。他曾建立科林斯同盟,除斯巴达外,希腊各城邦都宣誓遵守盟约,并公认腓力为霸主。

② 第欧根尼(Diogenes Laertius,约前400—前323),古希腊哲学家,犬儒学派代表之一。他强调避开一切感官享受,认为苦难和饥饿有助于追求善,只有以最简易方式满足人的自然需求才能达到幸福。他把这些哲学观点贯彻于日常生活,为使自己习惯于寒暑的变迁,他住在神庙的木桶里。克尔凯郭尔在这里提及的轶事,出自古希腊哲学家琉善(Lucian)的《怎样写历史》一文。

③ 亚里士多德在《论智者的谬误》(*On Sophistie Fallacies*)中为智者下了这样的定义:“智者的技艺貌似智慧其实不是智慧,所谓智者就是靠似是而非的智慧赚钱的人。”(165^{a22-23})

④ 戈尔德卡尔布是丹麦作家和文艺批评家霍尔堡剧本中的来自汉堡的犹太穷商人,他到丹麦时,被误认为是哥本哈根市民久久期盼的法兰克福人戈尔德卡尔布(Baron Goldkalb),因此受到热烈欢迎。

是这样，感到内疚的人也许得生来就是非常愚蠢的，并且很可能由于天天在不断的你唱我和的大吹大擂中，天天都有人诱使他相信，现在开始了一个新时代，一个新纪元等等，他才会这样神气十足地大声嚷嚷头脑中那些很少大派用场的绰绰有余(quantun satis)的平庸见识。他心醉神迷，大喜若狂，进入了一种亢奋状态，一种所谓高级癫狂的亢奋状态；他声嘶力竭，大喊大叫的总不外这样一些名词：时代、纪元、时代和纪元、纪元和时代、体系。[①] 这样被激起的亢奋状态简直失去了理性，看他那兴奋的样子，好像天天所过的日子，还不止是要四年才出现一次的闰日，而像是要千年才逢一次那样，这种想法就好比在这游艺节庆里的一个杂耍人，他必须连接不断地翻着筋斗，去引得一次次的喝彩——直到他自己收场为止。[②] 上天保佑我和我的小册子不要受这样一个张扬其事、吵吵嚷嚷的蠢货的干扰，唯恐他坏了我作为一本小册子作者的那份心满意足的清闲，免得一位好心厚道的读者盯着这本小册子问是否有他可以利用的东西，使我处于不得不自认倒霉的尴尬局面，就像腓特烈西亚城(Fredericia)[③]细心的居民在其倒霉透顶的日子里读

① 这里影射丹麦知识界对马登森教授(Prof. Martensen)的吹捧。马登森是哥本哈根大学神学院的神学教授，他很早就倾心于黑格尔哲学，并和著名的德国哲学家施莱尔马赫(Schleiermacher)私交密切。克尔凯郭尔曾在一则题为“马登森教授的状况”的文稿中写道：“马登森教授出国旅行回来迄今近十年了，那次旅行后，他带来了最时尚的哲学，这新奇的玩意儿颇引起一场轰动——他实际上始终是一位记者和通讯员，而不是一位本色的思想家……他颇引起一时的轰动，并在这段期间，年轻的学生们利用这个机会在印刷品中告诉公众，由马登森开始了一个新时代、新纪元、新纪元和新时代，等等。”

② 这里用不断翻筋斗来比喻概念的突变，概念的突变是黑格尔的看法。

③ 腓特烈西亚城是丹麦瓦埃勒州的港市，濒临小贝尔特海峡，建于1650年。

到报上一则本地火灾的新闻："警报鼓声发出；救火车满街疾驶"，一定会使人哭笑不得，因为腓特烈西亚尽管有救火车，但只有一辆，而且这里的街道也不会多过一条。这报上的新闻不得不使人作这样的推断：这辆救火车并不是迅速赶去失火现场，而多半是在街上演习。当然，我的小册子似乎至少也会使人联想起警报鼓声的敲响，然而我这个作者却最不想去发出警报。

但是，我的看法又是什么呢……不要问我那个问题，我的看法对于别人来说可能是兴味索然的，而问我究竟有没有一个看法倒还可以。对于我，有一个看法是既嫌太多又嫌太少的；它要以生活的平安宁静为前提，好比在世俗生活中要有妻子儿女一样，而对于一个日夜不寐又没有一点固定收入的人来说，这些是不可冀求的。在精神世界中，我就是这样，因为我要磨炼自己，并且总是磨炼自己能够轻快地在思想事业上跳舞，[①]尽可能地向上帝表示敬意，并且为了我自己的快活而放弃家庭的欢乐和市民的称誉，放弃利益的共享(communio bonorum)和因为有一个看法所带来的沾沾自喜。相反，我由此却得到什么报酬呢？我自己就像伺候在祭坛旁的人那样，仅仅吃一点人家供放在祭坛上的食物吗？[②] ……那倒是很合我胃口的。像金融家们所说的那样，我做这样的事是值的，这个值的意思跟金融家们理解的完全不同。不过，倘若有人殷勤

---

① 跳舞的比喻也许指大卫在立约的约柜前跳舞。据《撒母耳记》下：大卫穿着细麻布的以弗得，在耶和华面前极力跳舞。这样，大卫和以色列的全家欢呼吹角，将耶和华的约柜抬上来。耶和华的约柜进了大卫城的时候，扫罗的女儿米甲从窗户里观看，见大卫王在耶和华面前踊跃跳舞，心里就轻视他。(6:14-16)

② 这比喻可见《哥林多前书》：你们岂不知为圣事忙碌的就吃殿中的物吗？伺候祭坛的就分领坛上的物吗？(9:13)

过分地去假定我有一个看法，并因为是我的看法就鼓足勇气去采纳它，那么，我对于他的好意深感遗憾，因为这种好意被用在他的一种不足取的看法上，倘若除了我的看法之外他还有一种看法的话。我可以拿自己的生命打赌，我能一点不假地轻忽自己的生命，而不是别人的生命。这是我确实能够做到的，是我唯一能够为思想去做的事，我没有一点学问，要开价的话，"几乎不够收费一德拉克玛[①]的课程，更不必说高达 50 德拉克玛的课程。"(《克拉底鲁篇》)[②]。我的生命完全归我自己所有，我可以当场拿它去打赌，那样做在别人看来多少总是一个难题。这样一来，跳舞就不难了，因为死的想法是我的一个好舞伴。在我看来，每个人都活得过于沉重，因此我要对天发誓(Per deos Obsecro)并声明：谁都不要来邀请我，因为我不想跟他跳舞。

① 德拉克玛(drachma)，古代雅典的铸币，据《牛津古典辞典》，一德拉克玛重4.31克。

② 在柏拉图的《克拉底鲁篇》(*Cratylus*)中，苏格拉底说："希波尼库(Hipponicus)的儿子，有位古人说，'善的知识是难的'，而名称的知识是知识的大部分。如果我从不曾贫穷的话，我本来可以去听伟大的普罗狄库(Prodicus)收费五十德拉克玛的课程，这些课程是文法和语言方面的一种完全教育——这是他本人的话——那样的话，我本应立刻就能够回答你关于使名称正确的问题。但实际上我只听过收费一德拉克玛的课程，因此，我有关这一问题的真理并无知识。"(384b)

第一章　思考方案

假设①
问题是由无知得连为他的询问方式提供什么理
由都不知道的人提出的。

一

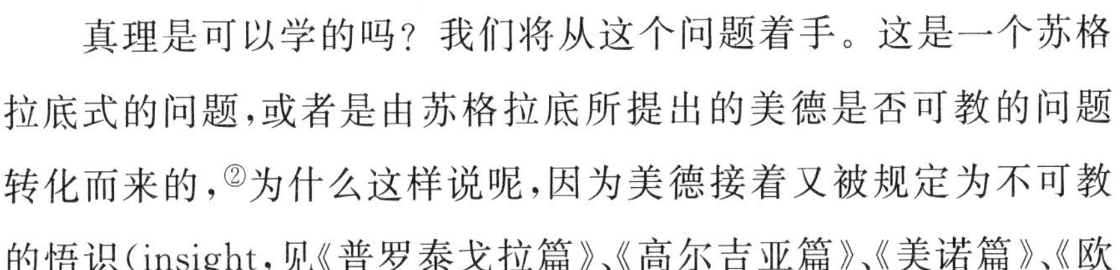

真理是可以学的吗？我们将从这个问题着手。这是一个苏格拉底式的问题，或者是由苏格拉底所提出的美德是否可教的问题转化而来的，②为什么这样说呢，因为美德接着又被规定为不可教的悟识（insight，见《普罗泰戈拉篇》、《高尔吉亚篇》、《美诺篇》、《欧

① 在《哲学片段的非科学的最后附言》（*Concluding Unscientific Postscript to Philosoplical Fragments*）中，"作者"约翰·克利马科斯把《哲学片段》称为一个"想象的建筑"。这种想象的特点就在于它是建立在假设的基础之上，它以"如果……那么"的方式，试图突破探索真理过程中传统的苏格拉底-柏拉图的逻辑模式。这一特点也表现在本章的章名"思考方案"中。

② 丹麦文 loeres 既可被译成"可学"，也可被译"可教"。在柏拉图的《普罗泰戈拉篇》（*Protagoras*）中，苏格拉底说："普罗泰戈拉，我不相信美德可教。"（320b）在《美诺篇》（*Meno*）中，美诺说："苏格拉底，你能否告诉我——美德是否可教？"（70a）在《欧绪德谟篇》（*Euthydemus*）中，欧绪德谟问："门徒是学他们所知的，还是学他们所不知的？"（276d）

绪德谟篇》)就真理是要去学习的而言,它应当是什么当然就无从去假定——所以,正因为真理是要去学习的,它才被探寻。这里,我们遇到了苏格拉底特意在《美诺篇》(80,接近结尾)中称之为"好辩的论证"的一种疑难:一个人不会去探寻他所知道的,正如他不会去探寻他所不知道的,因为他知道了便不会再去探寻,而他同样不会去探寻他所不知道的,因为他甚至连他应当去探寻什么也不知道。① 苏格拉底依据所有知识和探寻都只是回忆的原理去反复思考这个疑难。② 于是,对无知的人就只需要去提醒他,以便让他自己回忆起他所知道的东西。真理不是灌输给他的,而是他原先就固有的。苏格拉底详细阐述了这个想法,③并且,古希腊人的激

① 在柏拉图的《美诺篇》中,苏格拉底说:"你认识到,你所提出的东西是好辩的论证,即一个人既不能试图去发现他所知的东西,也不能去发现他所不知的东西。他不能去发现他所知的东西,因为他知道了便没有必要去探寻,也不能去发现他所不知的东西,因为那样的话,他甚至不知道他要去探寻什么。"(80e)

② 在《美诺篇》中,苏格拉底说:"正因为灵魂是不朽的并且曾多次新生,它已经在这里和在另一世界学得一切事物的知识,所以它能回忆起先前拥有的对于美德与其他事物的知识,是不必惊奇的。整个自然是同类的,灵魂已经学到了一切,所以当一个人回忆起某一种知识——通常说来就是学得它——时,就没有任何理由说他不会发现所有其他的东西,只要它锲而不舍、毫不气馁地去探寻,因为探寻和学习实际上就是回忆。

因此我们当不该被你(指美诺——中译者注)提出的好辩的论证引入迷途。它会使我们懒散,就像颓废的乐曲。这另一种学说却能促使人精神饱满地探寻知识及其令人信服的真理,多亏你促动,我准备就去探究美德的本性。"(81c-d)

③ 回忆说是苏格拉底的学说还是柏拉图的学说,至今学术界尚未有定论。柏拉图的早期对话篇较忠实地反映了苏格拉底的思想,但在那里,尚没有出现完整的回忆说,而只出现苏格拉底的助产术。作为一个完整的学说,回忆说出现在柏拉图的中后期作品《美诺篇》中,这也许表明,回忆说是柏拉图的学说,它发展了苏格拉底的助产术。必须指出,克尔凯郭尔在这里并没有对苏格拉底和柏拉图作任何区别。

情其实就集中在这种想法里，因为这种想法成了对灵魂不朽——请注意，这是可以无穷追溯上去的不朽——的一种论证，或对灵魂先在的一种论证。[要是单纯考虑这想法的话——换句话说，不去考虑（灵魂）先在的种种状况——那么这一古希腊人的想法一再出现在古人与近人的思索中[①]：一种永恒的创造，来自上帝的一种永恒的源泉，神性的一种永恒的生成，一种永恒的自我牺牲，一种过去的复苏，一种最后的审判。所有这些想法都是古希腊人对于回忆的想法，尽管这一点总不被注意，因为在这方面，后人的想法已经又进了一步。要是这想法以标明灵魂先在的种种状况去分析，那么，推算永恒的"先在"的想法就类似于相应的对永恒的"后在"的推算。实存（Tilværelse）的矛盾通过假定一个"先在"为必需（个人因有一个先在的状况才得有他现世的存在，否则就不能解释）去说明，或者通过假定一个"后在"为必需（个人将更好地生活在另一行星上，由此他现世的状况又未被解释）去说明。][②]

由于这样，苏格拉底总是心口如一地显示出令人惊叹的连贯性，并文雅地用他所熟知的东西去举例说明。他一度曾是并且继

① 早在柏拉图之前，在奥菲士教（Orphic）的教义中和毕达哥拉斯（Pythagoras）的学派中就有灵魂轮回转生的说法。此外，奥里根（Origen）、伊里本纳（John Scotus Engena）等中古思想家以及巴德尔（Franz Baader）、谢林（Schelling）、黑格尔等近代思想家也都思考过灵魂先在的问题。

② 在柏拉图的《斐多篇》（*Phaedo*）中，苏格拉底说："假若我们真的是在出生之前就获得了我们的知识，并且在出生的时刻失了它，后来又通过我们的感觉运用于可感觉物体，重新获得我们以前曾拥有的知识，那么我想，我们所说的学习，应该是重新获得我们自己所曾拥有的知识，我们称此为回忆无疑应当是正确的。"（75e）

续是位助产士,这倒并非因为他“不作正面回答”[如像当代人所说的那样,[①]有“正面回答”,就或多或少要妨碍多神论对一神论的消极性的蔑视,因为多神论理所当然有许多神,而一神论者却只有一个神。哲学家们有许多想法——这些想法都以一个论点为依据。苏格拉底只有一个想法,这个想法却是绝对的。]而是因为他领悟到,这种关系是一个人跟他人所可能有的最高关系,并且在这一点上,他其实是永远正确的,因为尽管一个神圣的起点曾被提出过,但要是去悉心思考绝对,并且不去玩弄非本质的东西,而是真心诚意地摒弃认识——这认识似乎折衷了人的习性和体系的奥秘——那么,这种关系就总是人跟人之间的真正关系。无论如何,苏格拉底是由神(the God)[②]亲自去考察的一位助产士。他所从事的这项工作是神的委托(见柏拉图的《申辩篇》),[③]虽然他也给人留下一个再奇怪不过(atopwtatos,《泰阿泰德篇》149)的印象,而神的意图,如苏格拉底也知道的那样,是禁止他生育(μαιεύεσθαὶ με ὀ θεὸε ἀυαγκἀζει, γευυᾶυ σὲ ἀπεκώλυσευ[神督责我接生,禁止我生育],《泰阿泰德篇》150c),因为在一个人和另一个助产的人之间还

① 指黑格尔和某些黑格尔主义的说法,他们认为对于苏格拉底,重点要放在他作否定回答时的思想与行为。

② 这里和《哲学片段》其他地方(除极少数例外)都用丹麦文 Guden,一个带定冠词的名词,以强调跟苏格拉底-柏拉图相联系的神。

③ 在《申辩篇》中,苏格拉底说:“雅典人啊!如果当你们这些官虽选择命令我,指定我的位置在波提狄亚(Potidaea)、安菲波利(Amphipolis)和德立昂(Delium),我会像任何其他人一样坚守我的职责并去面对死亡,但后来,像我所假定和相信的那样,神(the God)委托我以指导哲学生活及审察我自己和他人的职责,于是我害怕死和其他的危险会贻误我的职责。”(28d-e)

有至高的神；生育实际上是神的事情。[①]

在苏格拉底看来，任何一个时间上的起点当然(eo ipso)是偶然的，一个不断消逝的点，一个机缘。教师也不例外，如果他以任何别的方式交出的是他本人和他的学问，他就不是交出而是取走。那么，他甚至不是别人的朋友，更不必说是别人的教师。苏格拉底思想的深刻，他那彻底高贵的人格，就在于他并不自命不凡地追逐跟有才华的人为伴，而是让人感到他就像是皮革匠的一个亲戚，所以，他很快"得以认识到，对自然的研究并非人所要关切的事，并因此开始在作坊和市场上进行有关伦理的哲学探讨"。(第欧根尼·拉尔修[②]，卷二，第21节)[③]而这种哲学探讨一点不假是跟他的那些交谈者一起进行的。他跟一知半解的人探讨，跟喋喋不休的人探讨，跟有点主见和一无主见的人探讨，仿佛他这人在一定程度上欠了别人什么似的，同时又在一定程度上不欠什么似的，除了"在一定程度上"这句话的意思外，其他的说法都是含糊的——尽管这

① 在柏拉图的《泰阿泰德篇》(Theaetetus)中，苏格拉底说："我的接生术与他们的在其他方面相同，只是我施于男，不施于女，伺应生育之心，不伺应生育之身。我技术的最伟大处，能从各方面检验少年心思，究竟生产幻想错觉，还是真知灼见。如她们之不生子，我是智慧上不生育的；众人责备我尽发问题，自己却因智慧贫乏，向无答案提出——责备得对啊。原因在此：上帝督责我接生，禁止我生育。因此，自己绝不是有智慧的人，并无创获可称心灵的止息；然而，凡与我盘桓者，或其初毫无所知，与我相处日久，个个蒙上帝启示，有惊人的进步，自己与他们都觉得。显然，他们不曾从我学到什么，自己内心发现许多的东西，生育许多为子息。上帝与我只为他们负责接生。"(150b-d，商务印书馆1964年版)

② 第欧根尼·拉尔修(约200—250)，希腊哲学史家，所著《名哲言行录》(*Lives of Eminent Philosophers*)为后世研究古代哲学家及其学说的重要依据之一。

③ 据《名哲言行录》的英译本(R. D. 希克斯译，纽约，1925年版)，这段话为："他在作坊和市场讨论道德问题，使人确信，对自然的研究同我们没有任何关系。"

一切，人们并没有超过苏格拉底或达到启示的概念，而仅仅停留在空谈之中。在苏格拉底看来，每个人本身就是中心，而整个世界都只集中在他身上，因为他的认识自己就是认识上帝。① 此外，苏格拉底也是这样去了解自己的，在他看来，每个人也应当这样去了解自己，应当依靠那种认识，始终不亢不卑地去了解他跟每个普通人的关系。为了那个目的，苏格拉底无所顾忌，泰然自若地去充实自己，而在跟其他人的关系中，他也无所顾忌，泰然自若地使这种关系甚至对最愚钝的人也不失为机会。多么难得的雅量——这在我们这个时代也是难得的，在我们今天，牧师要比执事高出一头，任何第二人称都是一个权威，而所有这些等级差别以及所有这种不可小看的权威都中介②于共同的疯狂和共同的毁灭之中，这里的原因就在于，没有一个人真正是个权威，或者真正作为一个权威去使别人受益，或者真正做到使他的下属心悦诚服，其实不摆点权威架子反倒更成功，因为由一个傻子而不是权威带几个人一起赶路

① 克尔凯郭尔的这个看法显然受笛卡儿和黑格尔的影响。笛卡儿认为观念表象自己，也表象上帝。黑格尔在《哲学史讲演录》(*Vorle sungen über die Geschichte der Philosophie*)卷三中强调了笛卡儿的这一观点。

② 中介是黑格尔的专门术语 Vermittelung，指对立面在一个更高统一体中的一致。黑格尔在《逻辑学》中指出："这样有了中介的有，我们为它留下了'存在'(Existence)这一名词。"(商务印书馆版，第 82 页)"这个由于根据和条件而有中介，并由于中介的扬弃而与自身同一的直接性，就是存在。"(商务印书馆版，第 114 页)"所以对比的真理就在于中介，它的本质是否定的统一；在这统一中，无论反思的或有的直接性都被扬弃了。"(商务印书馆版，第 162 页)"纯理念的这个最初的决定，即规定自身为外在的理念，但这样建立自身，却仅仅是中介，概念从这个中介把自身提高为自由，从外在性出来而进入自身的存在；概念的得到自由，在精神科学中，通过自身完成了，并且发现在逻辑科学中作为以概念理解自身的那个纯概念就是它本身最高的概念。"(商务印书馆版，第 553 页)

是从不出事的。

假若学习真理也是这样的话，那么，我事实上是从苏格拉底那里学到真理，还是从普罗狄科[①]抑或是从一位女仆那里学到真理，那都可能只是从历史的角度上跟我有关，或者——就我具有像柏拉图那样的热情而言——从诗人的角度上跟我有关。但这种热情尽管是美好的，尽管我希望自己和别人具备这种只有斯多葛派哲人[②]曾告诫人们要提防它的热情的气质(ευκαταφορια εις παθοs)，[③]尽管我没有苏格拉底的雅量和克制去考虑它的空虚——苏格拉底还是会说，这种热情仍然是一种错觉，实际上几乎都是人世的差别在人的内心所激起的浊澜。苏格拉底或普罗狄科有这种或那种教导，这一事实对于我来说可能都仅仅只有历史的兴趣，因为我所信赖的真理是在我心中的和出自我心中的。即使是苏格拉底也不可能把真理交付给我，充其量像马车夫那样只能去卸除马的负载，尽管他要通过鞭打才能帮助马卸去负载。[我从《克利托芬篇》(*Clitophon*)所引的这段话只是当做第三者的一个评论，因为这篇对话被认为是伪作。克利托芬叹息，苏格拉底对美德只是一味去激励(προτετρετραμμενοs)，所以从那一刻起，他通常总是推荐美德，听任每个人自己。克利托芬相信，这样做有其基础，或者在于苏格拉底的不去多知，或者在于他的不想去多传授。(见410节)]

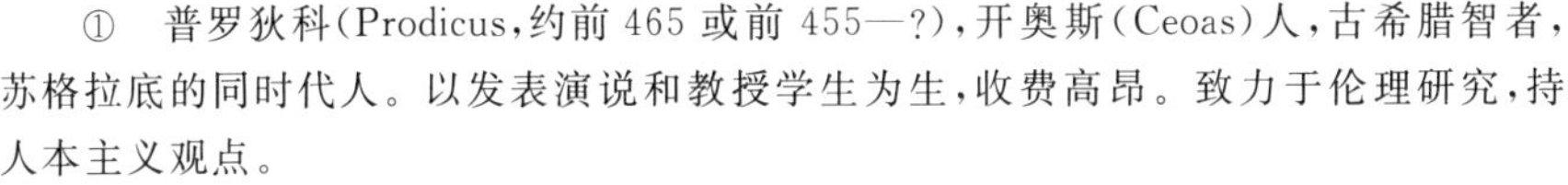

① 普罗狄科(Prodicus，约前465或前455—?)，开奥斯(Ceoas)人，古希腊智者，苏格拉底的同时代人。以发表演说和教授学生为生，收费高昂。致力于伦理研究，持人本主义观点。

② 斯多葛派哲人(the Stoic)，希腊化时期和罗马帝国时期的一个哲学学派。主要宣扬服从命运和泛神论思想。

③ 这个措辞出自邓尼曼(Tennemann)的《哲学史》卷十，第129页。

我跟苏格拉底和普罗狄科的关系不可能影响到我的永恒幸福，因为在我刚出生还对真理一无所知时，永恒幸福反过来因我原本固有的真理而已经被赋予了。要是我想象自己在另一个生命中遇见苏格拉底、普罗狄科或者女仆——这对他们中的任何一位来说也是机不再来的——我就会像苏格拉底那样，毫无惧色地表达以上这个想法，苏格拉底说，即使在地狱中，他要做的也只是去提问题，因为整个发问都贯穿着这样的想法，那就是被问的人自己应当拥有真理，并且靠他本人去获取真理。时间的起点是毫无意义的，因为在这同一瞬间，我发觉自己已经知道真理来自对真理的全然不知，而在这同一片刻，那瞬间又被隐没在永恒之中，[①]它就这样被吞没在永恒中，可以这样说，即使我想去寻觅，也绝不可能找到它，因为上穷碧落下黄泉，两处茫茫皆不见，有的只是天地之悠悠(an ubique et nusquam)。

二

假设情况与以上所说不同的话，那么这时间中的瞬刻，就必定具有我在任何时刻都将不会忘却的决定性意义，既不会在时间中忘却，也不会在永恒中忘却，因为永恒——原先并不存在的东

① 克尔凯郭尔在《哲学片段》中所使用的“永恒”(the eternal)概念，跟西方哲学史上的“永恒”概念一脉相承。如：柏拉图的《蒂迈欧篇》(*Timaeus*)：“过去和将来由时间样式所创造，对此，我们无所知觉反而错误地转而为永恒存在。”(37-38)黑格尔在“费希特和谢林的哲学体系的差异”一文中说：“时间的真正中止是无始无终的现在，即永恒。”

西——是在那个瞬间得以实存(blevtil,came into existence)[①]的。让我们接着就以这个假设为前提去考察下述问题所涉及的关系：真理是可以学到的吗？

1. 在先的状态

我们从苏格拉底的疑难着手：一个人怎么能去探寻真理，因为不管这个人去不去探寻，事实上都同样不可能探寻到真理。苏格拉底的思想方式有效地取消了去探寻还是不去探寻的选择余地，因为在他看来，每个人原本就拥有真理。那就是苏格拉底的解释。我们已经看到有关瞬间的结论。现在倘若这是获得决定性意义的瞬间，那么探寻真理者直到这一瞬间之前必定还没有真理，即使他看起来也不像全然无知，要是他真全然无知的话，这瞬间就成了纯粹偶然的瞬间；而他甚至就不应当是一个真理探寻者。这就是我们必须去说明这一疑难的原因，要是我们不希望像苏格拉底那样去解释这疑难的话。所以，他应当被说成是处在真理之外(不是像一位改信他教者那样朝它走去，而是离开它)，或者被说成是没有真理的。那么，就当他是没有真理的吧。但那样的话，他又怎样去回忆起真理呢？或者说，使他回忆起自己所不知的从而也不可能回忆得起来的真理，有什么办法？

① 丹麦文 blevtil 涉及生成(becoming)和存在(being)的时空方式。瞬间是永恒的一个儿子，它的意义，跟时间的短暂片刻的意义，有性质上的不同。实存(Existence)是存在的一种方式。

2. 教师

即使教师成了唤起门徒回忆的机缘，教师也不可能帮助门徒回忆起自己原本就知道真理，因为门徒其实是没有真理的。正由于门徒是没有真理的，教师才得以有可能成为唤起门徒去回忆的机缘。但凭借这种回忆，门徒显然比他尚不知自己没有真理时，更不用去接受真理。因此，正由于教师以这种方式唤起门徒的回忆，反而把门徒推开，除非在这个问题上让门徒转向他自己，否则他是不会发现自己原本就知道真理，而只会发现自己没有真理。对于这种观念行为，适用以下苏格拉底的原理：不论教师是谁，即使他是上帝也好，他都仅仅只是一个机缘，因为只有我自己才能发现自身是没有真理的，而且只有当我发现自身没有真理时，这种没有真理的真相才会被发现，即使全世界都知道我没有真理，对这种没有真理的发现也绝不会早于我自己去发现之先。（按照对瞬间所假定的预设，这种自我发现成了跟苏格拉底思想方式的唯一相似点）

现在，要是门徒打算去获得真理，教师就应该为他带来真理，但光是这样还不够。他同时还应当提供门徒认识真理的条件，倘使门徒本人就是认识真理的条件，那么，他就只需要去回忆就行了，因为认识真理的条件是跟能够去探问真理相接近的——这认识真理的条件和对真理的探问包括了有限制的条件和答案（要是不这样的话，那么就只能按苏格拉底的方式去理解瞬间。）

但是，一位教师绝不可能做到既赋予门徒真理，而且还提供门徒条件。一切教育最终取决于条件的存在；要是门徒本身缺乏条件的话，对一个教师来说，就一筹莫展，因为那样的话，教师在施教之前，还必须得去改变而不是改善门徒。但没有一个人能做到改变别人；倘使真要这样做的话，那就应当由上帝亲自去做。

现在，由于门徒确实存在（er til），他其实是被造就而成的，所以，上帝谅必已经赋予门徒认识真理的条件（要不然的话，门徒或许原本只是个动物，而在教师赋予其条件连同赋予其真理后，或许才第一次使他成为人）。但就瞬间具有决定性意义而言（要是不假定这一点，那么，我们其实就仍然未逃出苏格拉底的框架），门徒很可能缺少条件，因而失去条件。这不可能是出于上帝的作为（因为这是一个矛盾）或出于偶然（因为低级的东西真要胜过高级的东西就是一个矛盾）；所以，这应当出于他本人。倘若他不是出于本人的原因而失去条件，倘若他不是出于本人的原因而处于这种失去条件的状态，那么，他就可能只是偶然地占有条件，而那样的话，就成了一个矛盾，因为作为真理的条件是一种本质而非偶然的条件。于是，没有真理并非只是在真理之外，而是对真理的抗辩，这一点被表示为这样的说法，即他本人已丧失了条件和正丧失着条件。

因此，只有上帝本身才是教师，上帝起了机缘的作用，上帝提醒门徒回忆起自己是没有真理的，而这种没有真理又是因为门徒自己的过错。但我们可以把这种由于他自己的过错而没有真理的状态称做什么呢？我们可以把这种状态称作罪。

因此，教师就是上帝，上帝赋予门徒条件，并赋予门徒真理。那么，我们又将怎样去称呼这样一位教师呢？因为我们完全承认，这样一位教师已远远超出了通常对教师的界说。由于门徒只是因他自身的过错(并且按照前面的说法,他不可能有相反的做法)而处在没有真理的状态,他看来似乎是自由的,因为能任凭自己这样做当然就是一种自由。然而,他其实是不自由的,被束缚的和被拒绝的,因为没有真理其实就是遭拒绝,而因自作自受遭拒绝,其实就是受束缚。因为他受自己的束缚,才无法放纵自己或听任自己,由于那束缚自身的也应当能随意去解脱自身,而那束缚自身的就是他本人自己,所以他肯定能做到解脱自身。不过,他首先应当有这个意愿。而刚才已假定,他是在内心深处被唤起回忆的,因此,那位教师成了使他去回忆的机缘(这一点绝不应当忘记)——刚才已假定,他有解脱自己的意愿。那样的话(要是有这个意愿,他就会亲自去实现这个意愿),他受束缚就成了往昔的状态,在这得到解脱的瞬间,这种状态就会全然消失。他可能完全没有觉察到,他曾束缚过自己,而现在又使自己得到解脱。我们将慢慢来——毕竟没有必要赶紧。慢慢走,有时确实达不到目的地,但走得过快,有时也会走过头。我们将多多少少以希腊人的方式去讨论这个问题。假使有个小孩得到别人送他的一点钱——这点钱刚好能买,比如说一本有趣的书,或者买一件价钱一样的玩具——他买了玩具,这样,他还能用同样的钱去买书吗?当然不能,因为现在这笔钱已被花掉了。但他可以走到书商跟前,问他是否愿意用书换自己的玩具。假使书商回答说:好孩子,你的玩具是没有价值的;要是你还有钱的话,你当然可以像买玩具那样去买书,至于玩具嘛,它的麻烦就在于,你一旦买了它,它就失去了所有价值。这小孩大概不会认为:书商这样的回答太不可思议。假使有人能买自由和同等代价的不自由——并且也只有选买其中一样的机会——而且代价是灵魂的自由选择和这一自由选择的放弃。他选择了不自由，但要是他接着又走到上帝面前，问是不是可以掉换一下，上帝大概就会这样答复他：如果要买你想要的东西，当然会有一个机会，至于不自由，妙就妙在，一旦买了它，它就不再有任何价值，纵然有人为它付出同样的代价。我不知道这个人会不会说：这太不可思议了。抑或假使有两支敌对的军队相遇，这时又来了一个骑士，双方军队都请他加入自己一边；他选择了一方，但这一方军队却打了败仗，他也当了俘虏。骑士被当作俘虏带到胜利者面前，按照当初提供给他并足以让他去效劳的条件而论，他是愚蠢的，我不知道胜利者会不会说：亲爱的骑士，你现在成了我的俘虏，不错，你原本可以有不同的选择，但现在一切都改变了。这其实一点不奇怪！要是不这样的话，要是瞬间不具有决定性意义的话，那么，小孩原本真该去买书的，他只是不了解这一点，才一时想错而买了玩具；骑士原本真该去帮另一方军队打仗的，他只是一时迷惑才没有明白过来，并且现在才想到自己实际上站到了他们的俘虏一边——“堕落的人和有道德的人大概都自己支配不了自己的道德状况，但他们最初都有能力去让自己成为堕落的人或者成为有道德的人，正像一个扔石头的人，在他扔石头之前完全能支配这块石头，而他一旦扔了出去就再也支配不了这块石头。”（亚里士多德）[①]要不然，扔（石头）就成了一个错觉，并且，扔的人，任凭他怎样去扔，手里总要拿着石头，因为就像怀疑论者所说的“飞矢不动”

① 见亚里士多德，《尼各马可伦理学》，卷三，第 5 节，1114a。

中的“飞矢”,[①]石头也是不飞的。

照这样的思路,瞬间就根本不具有任何决定性的意义,而这一点正是我们想要用来作为假设的。按照这个假设,他因此将不能使自己解脱。(并且,确实也正是这样,因为他把自己的力量用在不自由的事务上,因为他只有在不自由的事务上才真正是自由的,并且,这样就增强了不自由的合力,使他成为罪恶的奴隶。)[②]

那么,我们应当把这样一位再次给门徒提供条件又提供真理的教师称做什么呢?让我们称他为一个拯救者,因为他确实把门徒从不自由中拯救出来,把门徒从自身中拯救出来。让我们称他为一个救助人,因为他确实救助了自我束缚的人,可以说,几乎没有比自我束缚更可怕的,几乎没有比这种束缚更难以打破的,以致个人才会把自己束缚起来!不过,即使这样也不足以说他真是因他的不自由而犯了什么罪过,如果那位教师给他提供了条件和真理,教师就成了帮他遣散因郁郁作祟的有罪感而生的忿怒的一个

---

① 指古希腊爱利亚学派哲学家芝诺(Zeno,约前490—前426)的“飞矢不动”的论证。这是芝诺反对运动的四个论证之一,其他三个论证分别是:二分法(dichotomy)、阿喀琉斯(Achilles)和运动场(Stadium)。德国学者策勒尔(Zeller)对“飞矢不动”的论证作这样的解释:“因为每一瞬间飞矢总是处于同一空间,这样,在其飞行的每一瞬间它是静止的,因此在整个飞行时间内它是静止的。”(参策勒尔,《古希腊哲学史纲》,山东人民出版社版)。

认为芝诺是怀疑论者的说法出自第欧根尼·拉尔修的《名哲言行录》:“他们发现色诺芬(Xenophanes)、爱利亚的芝诺、德谟克利特(Democritus)都是怀疑论者。”(卷九,第72节)

② 见约翰福音:耶稣回答说:“我实实在在地告诉你们,所有犯罪的就是罪的奴仆。”(8:34)

见加拉太书:基督释放了我们,叫我们得以自由,所以要站立得稳,不要再被奴仆的轭挟制。(5:1)

和解人。

像这样一位教师，门徒是永远不会忘记的，因为他可能在那个瞬间又再次沉沦在自身之中，就像一度具有这条件，然后忘了上帝存在而沉沦在不自由之中的人那样。倘若他们会在另一世中相遇的话，那位教师大概会再次给未曾接受条件的人提供条件，但对曾一度接受过条件的人则另当别论。条件终究是被交付的东西，因此接受条件的人始终要记这个账。但像这样一位教师，我们应当把他称做什么呢？一个教师当然可以评估门徒是否有所长进，但不可以对门徒下断论，因为他要信从苏格拉底的想法，才足以领悟到，自己不可能给门徒提供实质的东西。于是，那位教师实际上不是教师，而是一位评判员。甚至当门徒已经最充分地得到条件，并因此而得以沉浸在真理中之时，他还是丝毫不会忘记那位教师，或者听任他像苏格拉底那样不复存在，这远比所有过时的恭敬揖让和盲目崇信更深刻——说真的，倘若别的都是假的，这却是至高无上的。

那么，此刻就是瞬间，像这样的一个瞬间是独一无二不复再来的。作为瞬间，它当然是短暂的，作为瞬间，它就像下一刻的瞬间那样，是奄忽即逝的，然而，它却是决定性的，是充满永恒的。像这样的一个瞬间得有个专门名称。让我们称它为：时候满足。[1]

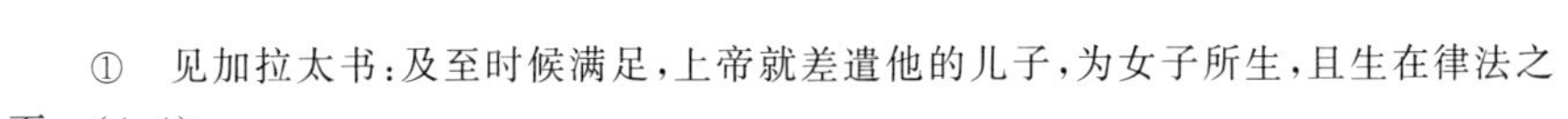

① 见加拉太书：及至时候满足，上帝就差遣他的儿子，为女子所生，且生在律法之下。(4:4)

3. 信徒[1]

如果门徒真是没有真理的（否则我们就要回到苏格拉底的想法上），可他总还是一个人，并且，他现在接受了条件和真理，当然，他并非头一回成为一个人，因为他已经是个人了；但是他却成了一个不同的人，这并不是开玩笑——仿佛他成了和以前同样性质的另一个人——而是他成了性质不同的一个人，抑或我们也可以称之为一个新人。

因为他是没有真理的，所以他不断处在跟真理不合的过程之中；作为在瞬间里接受条件的一个结果，他的人生历程截然变了方向，或者说，他被转了一百八十度。让我们把这种改变称作归正，虽然这是迄今为止还未用过的一个词；但我们正是为了避免混淆才选中它的，因为这个词好像是专为我们谈论这种改变才创造出来的。

因为他是由于自己的过错才处在没有真理的状态之中，要不是这已同化到他的意识之中，或者，要不是他最终发觉，这是由于他自己的过错，并带着这种意识他才告别自己往昔的状态，这种归正是不可能发生的。要不是这个人感觉到悲哀，他又怎么会去告别他往昔的状态呢？而这悲哀当然是因他曾经如此长久地处在往昔状态之中才产生的。我们可以把这种悲哀称作悔悟，截然变向就是悔悟，那其实是幡然回首，但不过正因为这样才加快了奔向前

① 丹麦文 Discipel 有“信徒”、“追随者”、“学生”、“门徒”、“徒弟”的意思。

面的步伐！[1]

因为他处在没有真理的状态之中，并且现在在接受条件的同时又接受了真理，所以他内心所产生的一种变化，就像从“无”到“有”的变化，而这种从“无”到“有”的转变实际上是一种从“无”生“有”的转变。但已经存在的这个人不可能再被生下来，然而他却真的被生了出来。让我们把这个转变称作重生，他因重生而又一次像刚生下来那样进入世界——一个对他生而来到的世界还一无所知的人，他不知道，这个世界是否有人居住，在这个世界上是否还有其他的人，因为我们大概有可能一起(en masse)接受洗礼，却绝不可能一起得到重生。正像由苏格拉底的助产术生下自己，并因此而忘了世上的其余一切，和在一种更深刻的意义上丝毫不受惠于他人的那个人一样，这个获得重生的人也丝毫不受惠于他人，但却全都受惠于那个非凡的教师，并且就像换了一个人，他因为自己而忘了整个世界，同样他也因为这个教师而忘了他自己。

于是，如果瞬间真有决定性意义的话——又如果我们只是像苏格拉底那样去说，瞬间没有决定性意义的话，尽管我们用了许多陌生的词汇，尽管我们总是不明白要假定让自己脱离那位纯朴智慧的人，这个人比弥诺斯[2]、爱考士[3]和拉达曼提斯[4]更公

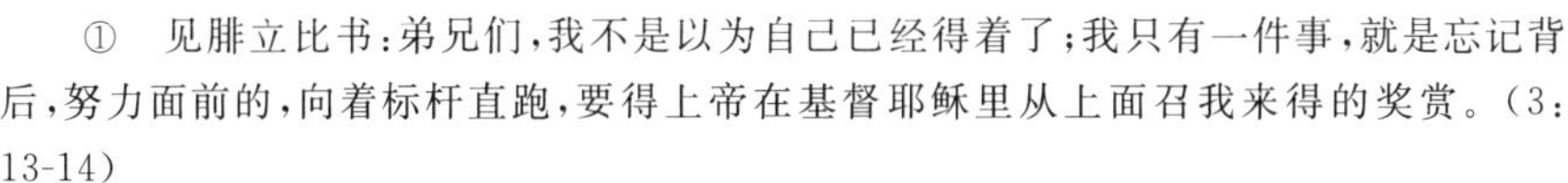

① 见腓立比书：弟兄们，我不是以为自己已经得着了；我只有一件事，就是忘记背后，努力面前的，向着标杆直跑，要得上帝在基督耶稣里从上面召我来得的奖赏。(3：13-14)

② 弥诺斯(Minos)，克里特岛之王，宙斯之子，死后为阴间三判官之一。

③ 爱考士(Aeacus)，宙斯之子，死后为阴间三判官之一。

④ 拉达曼提斯(Rhadamanthus)，宙斯之子，弥诺斯的兄弟，生前主持正义，死后为阴间三判官之一。

正执着地去辨明神、人和他自己，总之，不管我们怎样说，那断裂反正已经出现了，这个人不可能再回来，而要在记忆中把他招来也无济于事，何况他靠自己的力量就能够再次把神吸引到自己一边。

但这里所说的一切是可以想象的吗？我们将不忙去作出回答，因为百思而不得其解的人并不是唯一不去作回答的人，一个以应答出奇快捷著称，但在回答之前不慎思明辨其疑难的人也同样无异于不去作回答的人。我们在回答之前，先要问应该由谁来回答这个问题。这个“存在的人又被生了下来”的问题——是可以想象的吗？是的，为什么不可以呢？但假定由谁去思考哪位是被生的人或者哪位是不被生的人呢？不被生的人当然是没有理性的，任何人都不会想到他，因为被生的人肯定是不会想到“不被生”这一概念的，当被生的人想到自己是被生的，他当然就会想到这种从“无”到“有”的转变。这种情况就应该如同重生。或许这个问题会因以下这个问题而变得更加困难，即在这种重生之前的“无”是否比在诞生之前的“无”更是一种存在呢？那么，假定由谁去思考这个问题呢？当然，应该由得到重生的人去思考这个问题，要是认为应当由没有重生的人去思考这个问题，那也许是荒唐的，要是没有重生的人也有不能想到这个问题的话，那岂不就成无稽之谈了吗？

要是一个人原本就具有认识真理的条件，那么他就会想到，他之所以这样，是上帝所为。[1] 要是他处在没有真理的状态，那么，

① 克尔凯郭尔的这一观点受笛卡儿的影响，笛卡儿在《关于第一哲学的沉思》中说：“现在，在我心中的这些观念中除了向我自己表象我自己的观念外……还有另一个观念向我表象上帝……我对上帝的意识应当优先于对我自己的意识。”（阿姆斯特丹，1678年版，第19、21页）

他当然应该想到这是他本人的状态，并且，除了这种状态，回忆也不能帮助他去想起其他任何东西。瞬间应当决定他是否有进一步的造就（尽管瞬间在使他觉察到自己没有真理这方面已经起了作用）。要是不了解这一点的话，他就应该归于苏格拉底一类，虽然他自以为大有造就的看法会给聪明的苏格拉底带来很多麻烦，每当苏格拉底为打消人们的这类愚蠢念头（ἐπειδἀυπιυα λῆρου αὖτῶυ ἀφαιρῶμαι）时，总要惹来颇多麻烦，有些人还真的想去咬他一口（见《泰阿泰德篇》151）。[①]

一个人觉察到他在瞬间被生了下来，因为他不再去理会自己在这瞬间之前的状态，其实就是“无”的状态。他觉察到在瞬间重生，因为自己在这之前的状态其实处在“无”的状态。要是在这之前，他已经处在“有”的状态，那么瞬间无论如何都不可能具有对他来说是决定性的意义，就像上面所解释的那样。古希腊人的激情集中在回忆上，我们这个思考方案的激情却集中在瞬间上，这不足为奇，因为充满极度激情的质料不正是从“无”的状态中得以实存的吗？

诚如你所看到的，这就是我的思考方案！但或许有人要说，“这是最荒谬不过的方案，或者说得更确切些，你是最荒谬不过的方案迷，因为尽管也有人提出过愚蠢可笑的方案，但至少有一点总是真的，即他是这个方案的提出者。而你却相反，表现得好像一个

① 在柏拉图的《泰阿泰德篇》中，苏格拉底对泰阿泰德说：“我与你细说这段故事，因我疑你在分娩中。我嗣守吾母之业为产婆，请就我，我将为你接生。倘把你的头胎爱子取而弃之，莫咬牙切齿相向，如妇人所为；我对你的举动出于好意，寓于我心的神虽不许我匿伪饰真，却亦与世人为友。”（151，商务印书馆，1964 年版）

无赖，这无赖因为指点了一块人人都见得到的空地而要收一笔酬金，你又像为一笔酬金而在下午展出一头公羊的人，这头公羊在上午是任何人都能免费看到在空旷牧场上吃草的羊”——“或许真是这样，我羞愧得低下了头。但假定我真是如此荒谬可笑，那么就让我用一个新方案去重新把事情弄好吧。众所周知，在许多世纪之前，黑色火药就被发明了，所以，倘若我自称已经发明了它，那或许是荒谬可笑的。但要是我假设有人发明过它，这也能说是荒谬可笑的吗？现在，我就打算恭恭敬敬地去设想，你是发明了我的方案的人——你不可能期待有比我更恭敬的了。或许，你要否认这个设想，真那样的话，你也要否认有人——换句话说，有某个人——发明过它吗？假如你不否认的话，那么，我恰恰就像任何别的人那样接近于发明过它。这样，你对我生气就不是因为我不老实地把属于别人的东西归之于我自己，而是因为我不老实地把不属于任何人的东西归之于我自己，并且你是在我撒谎说要把这发明归之于你的时候生气的。像这样存在一类的东西不是很奇怪的吗？任何了解存在的人也都知道，他没有发明过存在，而且，这种‘跑下一家’的游戏[①]是不暂停或者不能暂停的，即使这个人打算跑到每个人那里。然而，像存在这样奇怪的东西却使我非常着迷，因为它检验和表明了我所作假设的正确性。实际上，要求一个人独自去发现他并不存在是毫无理由的。但这种转变恰正是从不存在到存在的重生的转变。他后来是否认识到这一点当然没有什么关系，倘

① 丹麦人称之为 Gnavspil 的一种游戏，游戏者持有带一个房子图像的假硬币，他要是不想进行交换，就说：“跑下一家。”

若有人只是由于知道怎样去使用黑色火药，知道怎样去分析这种火药的成分，那并不意味着他发明了它。那么，你就生气吧，对我生气吧，对其他任何自称发明了它的人生气吧，但你切不要因此而对这个想法生气。”

第二章　作为教师和救世主的上帝

——一个诗人的冒险[1]

让我们思考一下苏格拉底，[2]他实际上也是一位教师。他生于一个特定的处境，受到家乡父老的熏陶；他到了更成熟的年岁，便受到一种召唤和激励，开始以自己的方式去开导别人。苏格拉底一度是个寻常人，一旦时机看来成熟时，他就以教师身份的苏格拉底出现。他本人受周围环境的影响，同样，他也对周围环境施加自己的影响。他内心对自己所提的要求，就像别人可能要求于他的那么多，为了完成他的任务，他都同样的给予满足。以这种方式去理解——而这实际上就是苏格拉底的认识——教师介于一种交互的关系之中，因为生命及其处境是他成为一个教师的机缘，而他同样又是别人学到一点东西的机缘。因此，他的关系总表现出自疗(autopathy)的特点，就像感应对等的特点那样。[3] 苏格拉底也是这样去认识这一关系的，因此他拒绝为从事教育而接受荣誉、地位和金钱，因为他断定对这一切无动于衷的人是收买不了的。多

① 《哲学片段》作为一个“想象的建筑”，其构想者，当然就是一个诗人。正是在这个意义上，“作者”克利马科斯常自称“诗人”，并把《哲学片段》称为一首诗。

② 如果说，在上一章中，更多地从认识论方面讨论苏格拉底，那么在第二章，则更多地把苏格拉底描写成实践的教师。

③ 感应是相互对等的，因此，教师也是学生，学生也是教师。

么难得的知足——这在当今更为难得,当今教育界的贪婪是再多的金钱和荣誉都满足不了的,而它又只配用这世上的黄金和荣誉去酬赏,因为它们是等价的。但我们的时代毕竟有讲究实际的一面,并且有这方面的行家,而苏格拉底就缺乏这一面。[①] 但要评价这种缺乏是否说明他的褊狭,那大概要以他热衷人类的事务,以及他用跟训诫别人一样之神的妒忌[②]来训诫自己,并因此作为热爱神的根据。在一个人和另一个人之间,这是最高的关系:学生是教师了解自己的机缘,教师是学生了解自己的机缘;教师死时,并没有给学生留下任何要求,只有学生能要求教师归还他一点东西。要是我自己也莫名其妙就成了某个柏拉图,要是在听到苏格拉底时,我像阿尔基比亚德[③]那样,内心怦怦剧跳,跳得比科里班忒们[④]

① 这也许指黑格尔和黑格尔学派批评苏格拉底缺乏积极的方面。比如,我们可以举黑格尔在《哲学史讲演录》卷二的两段话,他说:"善是一个自身具体的原则,不过这个原则的具体规定还没有被表达出来;在这种抽象的态度中,存在着苏格拉底的原则的缺点。积极的东西没有讲出来;因为善没有得到进一步的发展。"他还说:"我们所看到的,毋宁说只是现存法律在消逝;我们首先遇到的乃是:由于培养反思的意识,那在意识中有效的东西、习俗、合法的东西都发生动摇了。在这里可以举出,阿里斯多芬(Aristophanes,约前 446—前 385,古希腊喜剧作家——译者注)就是从这个消极的方面来理解苏格拉底哲学的。阿里斯多芬对苏格拉底的片面性的这种认识,可以当作苏格拉底之死的一个极好的前奏,它说明了雅典人民如何对他的消极方式有了很好的认识,因而把他判处了死刑。"(北京生活·读书·新知三联书店,1957 年版,第 62 页,第 76 页)

② 神的妒忌是指,"妒忌的"众神不能容忍在他们之外有任何更伟大的东西存在。"神的妒忌"也是古希腊悲剧的一个主题,众神为维护他们的特权,对于因傲慢(hybris)而超越自身界限的人类,往往由妒忌转而变为惩戒。

③ 阿尔基比亚德(Alcibiades),苏格拉底的学生和密友。他后来叛国,苏格拉底被控蛊惑青年,这也是主要依据之一。

④ 科里班忒们(the Corybantes),信奉酒神的祭司,他们主持酒神的祭典,祭时击鼓狂舞,以疯狂的乱跳乱舞表达宗教热忱。

更剧烈，要是我不向那位非凡的人献上赞美的热情，内心就平静不下，[①]那么，苏格拉底无疑就会讥笑我说，“我亲爱的朋友，你肯定是位不诚实的情人，因为你是为了我的智慧才想把我当偶像崇拜的，而且你本人想成为最了解我的人并用你的赞美来套牢我，使我无法分身——你实际上不就是一个诱惑者吗？”他解释说，他能给我的就像我能给他的一样多，要是我还不了解他，那么，他无情的嘲讽，大概会使我心灰意冷。多么难得的正直，不蒙骗任何人，甚至不蒙骗人们说他可以用自己的永恒幸福去下赌注。在当今年代这是多么难得，当今年代不论在自我评价方面，还是在受惠于学生方面，在渴求社会承认方面，在把肉麻的赞美当有趣方面，每个人都是苏格拉底所望尘莫及的！多么难得的忠诚，不诱惑任何人，甚至对使尽所有诱惑技术，甘心想受他诱惑的人也一样！[②]

但神为要了解自己却不需要任何学生，并且根本没有任何机

① 克尔凯郭尔的这些描写跟柏拉图的《会饮篇》(*Symposium*)有关。《会饮篇》讲的是，悲剧家阿伽松(Agathon)的剧本上演得奖，他邀请苏格拉底、喜剧家阿里斯托芬等人欢饮庆祝。他们决定由在座的每位依次轮流对爱神厄洛斯(Eros)作一番礼赞。当他们依次作了颂辞后，当权的青年政治家阿尔基比亚德带着一些人前来祝贺，大家请他也作一个礼赞，他却不去颂扬厄洛斯神而去颂扬苏格拉底。他说：“朋友们，拿我自己来说，要是不怕你们说我完全醉了，我可以发誓，苏格拉底的话对我产生过一种特别的效果，这种效果即使到现在我还感觉得到。我一旦听他说话，心就剧跳起来，比科里班忒们在狂欢时还跳得更厉害；我的喉口像被什么堵住一样，眼泪水夺眶而出，不仅是我，许多听众也有这样的激情。”(215d-e)

② 见《会饮篇》(216—218)。阿尔基比亚德接着向在座的人说了自己向苏格拉底求爱并遭到拒绝的情况：当灯熄了，佣仆退出之后，我直截了当地向苏格拉底求爱，然后不容分说就溜进他的破大氅之下，双手拥抱这个人，他却真正令人惊奇，就这样无动于衷地躺了一夜。我使尽所有诱惑招数都只能引起他的鄙视，他对于我引以为豪的美貌简直就是一种嘲笑和羞辱。我和苏格拉底睡了一夜，却就像跟父亲或兄长睡觉一样。

缘可以正像决心的作用方式那样的去影响他。那么，是什么东西鼓动他显现的呢？他应当自己激发自己，并总是像亚里士多德说到他的那样，自身不动而致动于他物（άκὶυητος πάυτα κὶυει）。[①] 但要是他真的自己激发自己，仿佛他自己忍耐不住缄默而不得不突然说起话来，那当然就没有必要再去激发他一样。但要是他自己激发自己，而不是被欲求所激发，那么激发他的就只是爱，因为爱是自身满足的，它不满足自身以外的欲求。他的决心——那跟机缘并无对等的关系——尽管被实现在明显成了瞬间的时间之中，但必定来自永恒，因为在那一瞬间，机缘和机缘所引起的东西是对等的，就像山谷中喊声的回响是对等的一样，瞬间并不显现，而是通过回忆隐没在永恒的回忆之中。瞬间恰恰发生在永恒的决心跟不对等的机缘的关系之中。要是不这样的话，那么，我们就要回到苏格拉底的想法，并且没有上帝、永恒的决心或者瞬间。

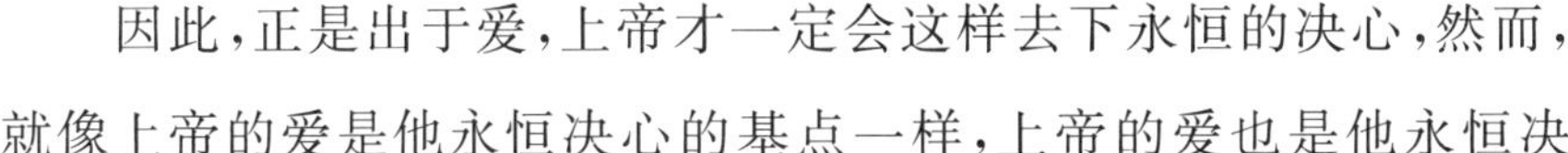

因此，正是出于爱，上帝才一定会这样去下永恒的决心，然而，就像上帝的爱是他永恒决心的基点一样，上帝的爱也是他永恒决

① 这是亚里士多德对神的规定，见《形而上学》："极因于其所喜爱产生变动，其他一切事物则依所变动而行其变动。现在，试假定事物之有所变动，不得不遵循于常规。倘此事物之实现仅为空间运动之基本形式，则此在空间作运动之事物，因未尝不可以运动于其他形式——即使不为本体之变化，至少可以不守其固常之位置。迨既确立有一自身不动而致动于他物的原动实是以后，则事物之入于变动者，遂不能复离于所动致之常规。空间运动为变动之第一类，圆运动为空间运动之第一级；第一主动者引致第一级运动。这里，原动者必须存在；既然其存在为必需，则其为实是之本者也必善，而正由于这样的命意，这成为第一原理。所谓必需者当统有下列这些命意——对反于自然之脉动为势力所逼而不得不然者，舍此常道即不能成业达善者，以及舍此方式别无其他方式，而只能在这唯一方式可得其存在者。于是，宇宙自然与诸天就依存于这样一个原理。"（商务印书馆，1950 年版，1072^{b4}-1072^{b15}）

心的目的,否则,上帝光有这样做的基点而没有与此相应的目的,那岂不真成为一个矛盾了!此外,上帝的爱一定是对门徒的爱,而目的一定是要想把他争取过来,因为只有在爱之中,所有的不平等才会变得平等,并且只有在平等或契合之中,才有理解。要是没有完全的理解,教师就不成其为上帝,除非那根本的原因出在门徒身上,门徒以为拒不接受教师可能对他更有利。

不过,从根本上说,这种爱是不幸的,因为上帝与门徒是非常不平等的,要是上帝不想消除这种不平等的话,那么,像上帝一定得让门徒了解自己这一看似十分容易的事,就并非真的如此容易。

我们不要急于求成,尽管有人会以为我们在浪费时间而不作一个决断,堪可告慰的是他们还没有因此而以为,我们的努力是徒然的——在这世上,关于不幸的爱,有过很多的议论,并且人人都知道,这个字眼指的是:不能彼此钟情的情人。而其中的理由嘛——唉,可能在于他们之中有一位是主人。另外还有一种不幸的爱:我们所说的这种爱,是这个世界上最完满的爱都不能与此相比拟的,但暂且不确切地说,我们仍然能以这人世间为背景,去设想这种不幸的造成,并非是情人们不能拥有彼此存在的结果,而是不能理解彼此存在的结果。这种遗憾其实要比通常所谓的遗憾远更深刻,因为这种不幸是永远跟爱和苦痛的本质相联系的,而不像另一种不幸,那种不幸所带来的影响仅仅是外在的和短暂的,对于正人君子来说,那种不幸只不过是有关情男情女最终不合的某些笑料而已。这种无比深刻的遗憾实质上是这位有教养的人的遗憾,因为也只有他才理解误会。这种遗憾实质上仅仅是属于上帝的遗憾,因为在人的处境中,根本无法举出一个有效的例子,尽管这样，我们在这里还是要举一个例子，以便能让心灵去洞察我们对上帝的某种了解。

假定有一个国王，他爱一个身份低贱的少女——也许当读者听到我们的例子竟像一篇童话故事的开头那样，而且全然不成体统，早已变得不耐烦了。不错，有学问的波卢斯(Polos)[①]大概也觉得苏格拉底滔滔不绝地谈论饮食、医生以及所有他本人从来不屑一谈的无聊事是令人讨厌的(见《高尔吉亚篇》)。[②] 但苏格拉底不是还有个优点的吗？那就是他本人和寻常人一样，从童年起就有了起码的日常知识。而对于我来说，那不是挺好的吗？能够一直沾上吃喝的缘分(那还是我所力不能及的)并且不必跟帝王为伍，帝王们的想法，未必会像寻常人一样，他们的想法是跟他们的帝王身份相配的。而我只是一个诗人，所留意的是地米斯托克利[③]的绮丽诗句，我想在谈话中把"花毯上的图案"[④]铺展开来，省下把它卷了藏起来的工夫，这难道是不可谅解的吗？

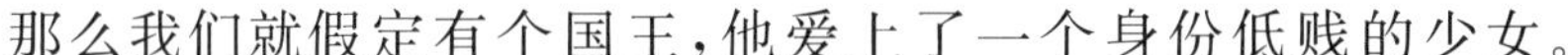

那么我们就假定有个国王，他爱上了一个身份低贱的少女。

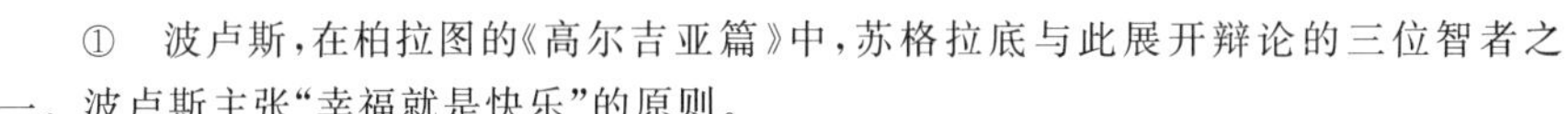

① 波卢斯，在柏拉图的《高尔吉亚篇》中，苏格拉底与此展开辩论的三位智者之一。波卢斯主张"幸福就是快乐"的原则。

② 在《高尔吉亚篇》中，另一位智者卡利克勒(Callicles)对苏格拉底说："你老是谈论食物、医生和其他一些废话，我就不屑谈论这些。"(490c)

③ 地米斯托克利(Themistocles，约前524—前460)公元前493年当选为雅典的执政官，是雅典海上强权的缔造者。

④ 出自罗马帝国时期希腊传记作家普鲁塔克(Plutarchos Kaironeus，约40—120)的《希腊罗马人物对比传记》(*Levnet sbeskrivelser*)："但地米斯托克利封薛西斯(Xerxes)王回答说，人们说话就像绣了花的花毯，因为像它们一样，这也必须被铺展开来，以便显示它的图案，但当它被卷起来时，这些图案便被隐匿和歪曲。因此，他需要的是时间。"(XXIX，3)

这个国王的内心没有受到智慧的污染(这一点可以理直气壮地声明),所以对于为文饰情感而殚精竭虑的种种难处,以及为诗人们舞文遣词、曲达玄妙的种种难处全不知晓。他的决定是不难实现的,任何权贵都不敢违逆他,生怕他的雷霆之怒,因此,甚至连一点相反的暗示也不敢有。任何外国在他的强权面前都战战兢兢,不敢不派使团去祝贺国王的婚礼。而且,在他面前卑躬、屈膝、阿谀奉承的朝臣们,都不敢伤害他对少女的情感,以免自己的脑袋搬家。就这样,琴瑟调好了音,诗人们开始歌唱;让欢乐但又是情欲的爱(Elskov)大大地庆贺自身的胜利,因为当情欲的爱将两个地位平等的人结合在一起时,那还是小庆的欢乐,而当情欲的爱将两个地位不平等的人因此作为平等的人结合在一起时,那就该是大庆的欢乐。①

尔后,一件心事触动了国王的灵魂。要是作为一个国王,他白天不得不像国王那样高贵地去思考的话,那么,他也许是在梦中想到这件心事的!他不向任何人吐露自己的心事,否则,他的任何一位大臣也许都会说,"陛下,这少女蒙您的恩宠,她会感激不尽的。"当然,大臣的话会使国王震怒,国王会因他冒犯了心上人而将其处死,并因此而引起国王的另一种遗憾。他独自一人被这种遗憾苦苦纠缠着:这女子是否会由此而变得快活起来,她对他是否会变得大胆信赖起来而不再记得他是国王,而她曾经是一个低贱的少女,这是国王唯一希望她去忘却的。要是这一切真的发生了,要是她

① 小庆(jubilant),丹麦文 hoverende(克尔凯郭尔手稿上是 Overende),指较次要的庆典,或小凯旋式,在这些庆典上,凯旋者步行或骑马进入首都,并以一头羊供祭;大庆(triumphant),指更隆重的庆典,在这些庆典上,凯旋者乘在凯旋车上进入首都。

唤起了这一回忆，而且这一回忆时时像一个颇受倾心的情敌，把她的心从国王那里夺走，把它引诱进暗自伤感的圈子中，或者要是这一回忆时时掠过心灵，就像死神掠过坟墓一样——那么，荣耀的情欲之爱又会怎样！要是她依然地位低贱，并被一个地位相当的人所爱，她满足于简陋的棚屋，而且大胆信赖她的爱，从早到晚快快乐乐，那么，她实际上会更加幸福。一种过于强烈的遗憾在这里仿佛熟透似的，沉重得几乎要把人压垮，只等收获的时节，那时国王的思虑就将从中剥离出所有牵肠挂肚的种子。因为纵然这女孩安于成为一无所有的人，而对比，国王却会不安的，只因为国王爱她，又因为要他成为她的恩人远比失去她更艰难，并且，要是她还不理解他又将如何呢——因为要是我们对人类只是随便说说的话，我们完全可以假定有一种使人类之间的理解变得不可能的理智上的差异。在这不幸的情欲之爱中蛰伏着一种深沉的遗憾！哪个敢去激醒它！然而还是有一个人不认这个账，我们指的就是苏格拉底，或者在更美好的意义上有能力使不平等成为平等的那个人。

现在，假使瞬间真的具有决定性意义——而没有这种决定性意义，即使我们以为自己的想法要比苏格拉底更成功，我们还是要回到苏格拉底的想法——那么，门徒就处在没有真理的状态，实际上，那是由于他本人的过错，但不过，他却是上帝所爱（kjoerlighed）的对象。上帝想成为他的教师，而上帝的心事是实现平等。如果平等不可能实现，爱就变成不幸的爱，并且传授教育就变得无意义，因为他们并不能相互理解。我们也许会以为，这对于上帝来说可能是一个无关紧要的问题，因为他并不在乎门徒，不过，

我们忘记了——嗨！或者更确切地说，我们表明了——我们还远远没有理解上帝；我们忘记了，上帝真的爱门徒。并且，就像那位国王的遗憾只藏在国王的心坎里，绝大多数人类的语言也根本不去提及这种遗憾，人类的语言都是这样的洁身自好，它们都对这样一种遗憾保持缄默，连一点暗示都没有。但上帝却保存着这种深深的遗憾，因为他知道，他能把门徒推开，没有门徒也行；上帝知道，门徒由于本身的过错而彻底惨败；上帝知道，他能让门徒堕落，他还知道，要让门徒大胆信赖起来，几乎是不可能的，没有大胆信赖，理解和平等就无从谈起，爱就成了不幸的爱。任何人，要是一点也没有这种遗憾的表示，那他就是十足的傻瓜，恰好就像一枚小钱币，既不带有凯撒(Caesar)[①]的像，也不带有上帝的像。[②]

这样，任务就选定了，我们邀请了诗人——说得更确切点，假使这位诗人还不曾被其他地方邀请，并且，假使他不是跟那些吹手和其他乱嚷的人同流的，倘要准备让欢乐进来，就必须让这些人全部退出丧事之家。[③] 诗人的任务是去寻找一个解释，一个确实有爱的理解的沟通点，在那沟通点上，上帝的心事已压倒它的痛苦，因为这是深不可测的爱，这种爱绝不会满足于爱的对象，并可笑地

---

① 凯撒(前100—前46)，罗马统帅，独裁者，后被共和派所刺。

② 见马太福音：耶稣看出他们的恶意，就说："假冒为善的人哪，为什么试探我？拿一个上税的钱给我看！"他们就拿一个银钱来给他。耶稣说："这像和这号是谁的？"他们说："是凯撒的。"耶稣说："这样，凯撒的物当归给凯撒；上帝的物当归给上帝。"(22:18-21)

③ 见马太福音：耶稣到了管会堂的家里，看见有(办丧事的)吹手，又有许多人乱嚷，就说："退去罢！这闺女不是死了，是睡着了。"他们就嗤笑他。众人既被撵出，耶稣就进去，拉着闺女的手，闺女便起来了。(9:23-25)

自以为极度快乐所该具备的一切。

（一）这种沟通是自下而上实现的。上帝于是能把门徒拉向他自己一边，称赞他，以千年之快乐去取悦他（因为对于上帝，千年犹如一日），[①]让门徒因为自己的兴奋激动而忘记误会。真的，或许这样一来门徒更可能以为自己是极为快乐的。由于垂青于他，使他突然获得巨大的成功，就像那位低贱的少女一样，那能不使人快乐吗！而这更使他自欺欺人地把所有一切都看得微不足道，那能不使人快乐吗！不过，那位显赫的国王是深得个中之味的；他多少也是个善识人性的行家，并且看出这个女子原本是会受骗的——当受骗的人甚至不怀疑自己受骗，仿佛仅仅被换了套衣服所迷惑似的，那么，这个人所受的骗是最可怕的。

这种沟通会由上帝出现在门徒面前，受他的膜拜，从而使门徒忘却自己而实现。同样，国王也会光彩十足地出现在低贱的少女面前，也会让他那灿烂阳光在少女的棚屋上升起，在阳光照耀的地方，他出现在少女面前，并且让她在爱慕的赞美中忘却自己。这或许会使这女子满足，却不会使国王满足，因为他想要的不是他自己对女子的颂扬，而是女子对他的颂扬，并且他的遗憾是非常令自己伤心的，因为她不可能了解他；而对于他来说，欺骗她也许更加使他伤心。在他自己看来，仅仅表达自己的爱不尽然就是欺骗，即使没有人了解他，即使责难总试图去折磨他的灵魂。

选择这样做，爱并未因此就变得幸福——门徒的爱和少女的

① 见诗篇：在你看来，千年如已过的昨日，又如夜间的一更。（90:4）又见彼得后书：亲爱的弟兄啊，有一件事你们不可忘记，就是主看一日如千年，千年如一日。（3:8）

爱表面看来也许是幸福的，但教师的爱和国王的爱却并不幸福，他们不会以任何错觉为满足。上帝在妆饰比所罗门[①]的服饰更荣华的百合花中得到快乐，[②]但要是这里没有理解错的话，就百合花而言，假使它留意自己的妆饰，认为它本身是由于这妆饰才被爱的，那肯定就是一个悲剧性的错觉。这样一来，百合花不是欢乐地生长在草地上，跟风嬉耍，像微风一样，无牵无挂；相反，它大概会凋零枯萎，没有大胆的自信足以让它昂起头来。这实际上是上帝所忧心的事，因为百合的嫩枝是纤弱的并且容易一下子折断。但要是瞬间真具有决定性意义的话，上帝的心事就会变得简直无法形容！有一个民族对上帝有极好的理解；这个民族相信，人要是看到上帝就不能存活[③]——这个民族把握了这种遗憾的矛盾：不露面是爱的死亡，露面则是被爱者的死亡。所以，人常常迷惑于追逐权势，并且孜孜不倦地执意于这种追逐，仿佛得到了权势，一切就会改观，他不觉得，在天国，不仅有欢喜，[④]而且也有遗憾：上帝不得不拒绝接受整个心灵都渴望能被接受的门徒，而这不得不拒绝的原因所在，又恰正因为他是被爱者，这说来是多么的令人伤心。

---

① 所罗门(Solomon，? —前932)，以色列国王，大卫之子，以智慧著称。他在位时，犹太达到鼎盛时期。

② 见马太福音："何必为衣裳忧虑呢？你想野地里的百合花，怎么长起来；它也不劳苦，也不纺线。然而我告诉你们，就是所罗门极荣华的时候，他所穿戴的，还不如这花一朵呢！"(6:28-29)

③ 见出埃及记：(耶和华)又说："你不能看见我的面，因为人见我的面不能存活。"(33:20)

④ 见路加福音："我告诉你们，一个罪人悔改，在天上也要这样为他欢喜，较比为九十九个不用悔改的义人欢喜更大。"(15:7)

（二）因此，这种沟通一定是通过其他某个途径才被实现的。这里我们又一次想起苏格拉底，因为他所自称的无知，除了用来作为对门徒要求沟通的一种表示外；还会是什么呢？而且大家知道，这种沟通也是事实。不过，倘若瞬间真具有决定性意义的话——[①]那么，这种沟通就肯定不是事实，因为这样一来，门徒的一切就都受惠于教师。按照苏格拉底的理解，要是教师让学生老是去想自己实际上从他那里受惠了什么，而不设想教师只是协助学生得以自我充实，那么，教师的爱就只能是一种骗子的爱，同样，按照我们的理解，上帝的爱——要是他想成为一个教师的话——应当不仅是一种协助的爱，还是一种有生育力的爱，他用这种爱生育出门徒，或者，像我们曾经称呼门徒那样，使他得到一次意味着由"无"到"有"转变的重生。于是，门徒的一切，其实都受惠于上帝。但使理解变得如此困难的恰恰在于：他变得一无所有，然而却又不是一无所有；他的一切受惠于上帝，然而却变得大胆自信；他知晓真理，而真理使他自由；[②]他领会没有真理的过错，而且大胆自信又在真理中获胜。在人和人之间，协助的一面是最重要的，而生育则是为上帝保留的，上帝的爱是有生育力的爱，但这并非苏格拉底在喜庆场合知道怎样说得美妙动人的那种爱。这样一种爱并不标志教师跟学生的关系而标志自修者跟像苏格拉底那样美好人品的关系，苏格拉底不理会单个形体的美，而去想象美本身为对象（beauty-in-and by-itself），然后马上会产生出丰富的思想和精妙的谈话，他

① 这里的破折号表示假设"倘若……那么"的发生。

② 见约翰福音："你们必晓得真理，真理必叫你们得以自由。"（8:32）

将孕育大量杰出崇高的道理，得到丰硕的哲学收获（πολλούς καὶ καλούς λόγους καὶ μεγαοπρεπεὶς τὶκτει καὶ διαυοηματα ἐνφιλοσοδὶα αφθόυω《会饮篇》210d）；并且与此相应，他就把在心中酝酿孕育多时的东西，让它生育下来（《会饮篇》209c）。[①] 所以，他内心已经具备了条件，而生育（诞生）只是让这些现成东西显现出来，并且那就是为什么在这一诞生中，瞬间又立刻被回忆吞没的原因。显然，被生育下来的人时隔越久，就越不可能听说生育他的事，因为他只是越来越清楚地记得他生存着的事，并且接着产生种种美的表达的人并不产生它们，而是让他心中的美自行去产生它们。

这样，要是沟通不可能由自下而上去实现的话，那么，就应当试一下自上而下。假设门徒是X，并且这X应当也包括最低贱的人，因为要是连苏格拉底都不是只限于跟才华卓越的人交往的话，那么，上帝怎么还会在乎尊卑差别呢！要实现沟通，上帝就应当先变得跟这个人一样。所以，他将作为跟那些最低贱者同等的人出现。而一切人中最低贱的就是必须去服侍人的人——因此，上帝将显得像一个奴仆。但要像一个奴仆，并非只是穿戴上类似国王的便服，那便服只要风吹几下就会使国王露真相；也并非只是披上

① 我们知道，《会饮篇》记述了阿伽松、苏格拉底等人对爱神厄洛斯的颂辞。苏格拉底与其余几位不同，他对爱神的颂辞主要转述女巫狄奥提玛（Diotima）关于爱及美的一番议论。狄奥提玛告诉苏格拉底，人从感知单个形体的美到真正认识美本身，是逐级上升的过程："先从个别美的事物开始，好像升梯，逐级上升到最普遍的美。从单个形体的美到两个形体的美，再到任一形体的美；从形体的美到制度的美，再到学问知识的美，最后一直到以美本身为对象，从而认识美是什么。"（211c）狄奥提玛认为，人常和美的对象接触，"他就会把在心中酝酿孕育多时的东西，让它生育下来"，而达到认识美是什么的境界，人面对美的大海，心中无比愉悦，"他就将孕育大量杰出崇高的道理，得到丰硕的哲学收获。"

那方便的苏格拉底大氅，那种大氅尽管不用编织，而且又半遮半露的——但只有苏格拉底披上才合适。[①] 真心实意地而非戏谑地决意跟被爱者相平等，这才是博大的爱，并且正是全能者决意的爱才能够这样，这是国王或者苏格拉底力所能及的——这就是他们被假设的性格依然只是一种虚构的原因所在。

看，这上帝就站在那里，他在哪里？就在那里，你看不到他吗？他是上帝，但他连枕头的地方也没有，[②]并且他不敢去求助于任何人，省得人家惹自己生气。他是上帝，但与其说有天使用手托着他，不如说他谨慎行事[③]——不要防他跌倒，而要他不至于把惹自己生气的人踩死。他是上帝，但他带着怜悯的目光停留在人类上面，[④]因为人弱嫩的躯干会像一棵草那样轻易被压得粉碎。这样的一种生命——真是十足的爱和十足的遗憾。要用爱去表示沟通

① 在《会饮篇》中，阿尔基比亚德对苏格拉底有这样一段叙述："那个冬天他是这样度过的，说起来真使人感动。那天下了从未见过的厚霜，我们这些人都不敢出门，即使出门，也把自己裹得严严实实的，穿上斗篷还要裹上毡，但苏格拉底却和往常一样，披戴着那件旧大氅，光着脚在冰上走，看上去比我们这些穿斗篷的还神态自若。"(220a)

② 见路加福音：耶稣说："狐狸有洞，天空的飞鸟有窝，只是人子没有枕头的地方。"(9:58)

③ 见马太福音：耶稣却回答说："经上记着说：人活着不是单靠食物，乃是靠上帝口里所出的一切话。"魔鬼就带他进了圣城，叫他站在殿顶上，对他说："你若是上帝的儿子，可以跳下去，因为经上记着说：主要为你吩咐他的使者，用手托着你，免得你的脚碰在石头上。"耶稣对他说："经上又记着说：'不可试探主你的上帝。'"(4:4-7)

又见诗篇：因他要为你吩咐他的使者，在你行的一切道路上保护你。他们要用手托着你，免得你的脚碰在石头上。(91:11-12)

④ 比如，见马太福音：耶稣走遍各城各乡，在会堂里教训人，宣讲天国的福音，又医治各样的病症。他看见许多的人，就怜悯他们；因为他们困苦流离，如同羊没有牧人一般。(9:35-36)

的愿望而又不被理解,总担忧每个人沉沦,而这种方式事实上能挽救的又只是个别的人——真是十足的遗憾,与此同时,他时时刻刻充满着门徒——把自己交付给了他——的遗憾。上帝就是这样来到人间,就是这样把他全能的爱直接送达最低贱者。上帝知道,门徒是没有真理的——如果他做错了又怎么办!要是他厌烦了并失去大胆自信,那怎么办!哎呀,还是用全能者的"要有就有"去尽心尽力吧,而要是一转眼的工夫,这一切都失去了,那么所有一切也都毁于一旦——这跟人类在失去爱,有可能犯罪,而有人成为人类的救世主相比,是多么的容易。

奴仆的方式绝不是仅仅穿戴点什么。[①] 所以,上帝一定还要吃遍千辛万苦,忍受一切,经受一切磨炼,在荒漠上挨饿,[②]极度痛苦地渴望,死时还遭离弃,[③]跟最低贱的人完完全全平等——瞧,你们看这个人![④] 遭受死的苦难并非他的全部苦难,他整个生命就是一个遭受苦难的故事,正是为了爱才遭受苦难,这是本身赤贫如洗又去奉献一切的爱。即使门徒是最低贱的人,他还是关切地问:你真心爱我吗?这是多么了不起的涵养!因为他自己知道危

---

① 见腓立比书:他本有上帝的形象,不以自己与上帝同等为强夺的。反倒虚己,取了奴仆的形象,成为人的样式。既有人的样子,就自己卑微,存心顺服,以至于死,且死在十字架上。(2:6-8)

② 见马太福音:当时,耶稣被圣灵引到旷野,受魔鬼的试探。他禁食四十昼夜,后来就饿了。(4:1-2)

③ 见马太福音:从午正到申初,遍地都黑暗了。约在申初,耶稣大声喊着说:"以利!以利!拉马撒巴各大尼?"就是说:"我的上帝!我的上帝!为什么离弃我?"(27:45-46)

④ 见约翰福音:耶稣出来,戴着荆棘冠冕,穿着紫袍。彼拉多对他们说:"你们看这个人!"(19:5)

险在那里，他也知道，对于他来说，任何捷径都是一种骗人的东西，尽管门徒可能了解这一点。

对于爱，任何别的启示可能都是一种骗人的东西，因为爱要么先得去改变门徒的内心（但不过，爱除了自身改变外，并不改变门徒），并对他进行必要的隐瞒，要么表面上必须一直对在他们（爱和被爱者）之间的全部理解只是一种错觉（这是异教徒的谎言）这一点不问不知。对于上帝的爱，任何别的启示可能都是一种骗人的东西。虽然我双眼比那悔悟的娼妓更满含着泪水，[①]虽然我每一颗泪珠要比被宽恕娼妓的大量眼泪更来得珍贵，虽然我可以寻得到比他脚下更低卑的地方，虽然我也可以比一个女人更恭敬地坐在那里，这女人的内心只选择这件不可缺少的上好福分，[②]虽然我比忠心耿耿的奴仆——这奴仆直到他流尽最后一滴血时还爱他——更真诚地爱他，虽然我在他眼里要比最贞洁的女人更中意——然而，要是我恳求他去改变他的决定，恳求他用别的方式去表明自己和去宽容自己，那么，他就会盯着我说：老兄，我与你有何相干；[③]走开吧，因

① 见路加福音：那城里有一个女人，是个罪人，知道耶稣在法利赛人家里坐席，就拿着盛香膏的玉瓶，站在耶稣背后，挨着他的脚哭，眼泪湿了耶稣的脚，就用自己的头发擦干，又用嘴连连亲他的脚，把香膏抹上。（7:37-38）

② 见路加福音：她有一个妹子，名叫马利亚，在耶稣脚前坐着听他的道。马大伺候的事多，心里忙乱，就进前来，说："主啊，我的妹子留下我一个人伺候，你不在意吗？请吩咐她来帮助我。"耶稣回答说："马大！马大！你为许多的事思虑烦扰，但是不可少的只有一件；马利亚已经选择那上好的福分，是不能夺去的。"（10:39-42）

③ 见约翰福音：耶稣说："母亲，我与你有什么相干？我的时候还没有到。"（2:4）

为你是撒旦[①],[②]即使你本人还不知所然!或者,要是但愿恰好有次他终于伸出手来,又要是但愿我打算想一想如何才能去更好地理解他或爱他,那么,我多半会看到他也在为我叹息,并听到他说:去想一想你会变得对我如此不忠,并且如此令我的爱痛心;所以你只爱创造奇迹的全能者,而不爱屈尊自己去跟你平等的全能者。

奴仆的方式绝不是仅仅穿戴点什么,因此他还必须以死亡告终,接着就离开人间。尽管我的遗憾要比那位母亲——在刀刺透她的心时——的遗憾更深,[③]并且,尽管我的处境要比信徒——在信仰的力量消失时——的处境更糟,尽管我的痛苦要比那个人——他的希望已被钉在十字架上并且只留下十字架——的痛苦更令人痛苦,然而,要是我恳求他宽恕他自己并留下,我无疑会看到他心里甚是忧伤,几乎要死,[④]但这也是因我而来的忧伤,因为这种痛苦一定是对我的恩惠;而他的遗憾也可能是因我不能理解他而来的遗憾。唉!这苦味的酒杯[⑤]——比苦艾更苦的是作为一个凡人去死的耻辱——于是,这对于不朽者来说又是多么的必要!

---

① 撒旦(Satan),在犹太教与基督教的教义中专指与上帝及人类为敌的魔鬼。

② 见马太福音:耶稣说:“撒旦,退去吧!因为经上记着说:当拜主——你的上帝,单要侍奉他。”(4:10)又见马太福音:耶稣转过来,对彼得说:“撒旦,退我后边去罢!你是绊我脚的;因为你不体贴上帝的意思,只体贴人的意思。”(16:23)

③ 见路加福音:孩子的父母因这论耶稣的话就希奇。西面给他们祝福,又对孩子的母亲马利亚说:“这孩子被立,是要叫以色列人中许多人跌倒,许多人兴起;又要作毁谤的话柄,叫许多人心里的意念显露出来;你自己的心也要被刀刺透。”(2:33-35)

④ 见马太福音:(耶稣)便对他们说:“我心里甚是忧伤,几乎要死;你们在这里等候,和我一同警醒。”(26:38)

⑤ 见马太福音:他就稍往前走,俯伏在地,祷告说:“我父啊,倘若可行,求你叫这杯离开我。然而不要照我的意思,只要照你的意思。”(26:39)

唉，用来止渴的蘸满了醋的海绒，比醋还酸[①]——那是用被爱者的误会来止渴的！唉，安慰来自被作为罪人处死的忧伤之中——于是，作为清白罪去死又是多么的必要！

诗人如是说——他怎么可能想到，上帝要实现这最可怕的决定竟会以这一种方式出现？[②] 他怎么可能想到会轻率地拿上帝的痛苦开玩笑，荒谬地写出一首爱的诗，[③]为的是把上帝的谴责写进诗中？

而门徒，尽管他的命运并非教师的命运，难道跟这个受苦难的故事一点没有关系吗？它还得这样，并且导致这一切苦难的正是爱，正因为上帝不是出于私心而是想用爱去跟最最卑贱者平等。要是一棵橡树的果仁栽种在泥盆中，泥盆就会散裂，新葡萄酒灌进旧皮袋中，[④]皮袋就会胀破。那么，要是上帝让自己生根在人的弱点之中，而人并未成为一个新人和一个新的容器，那将会发生什么！但这一切正在发生——这实际上是多么的困难，并多么的像一次难产！而理解的局面，因为自身的弱点，在有罪的忧虑扰乱爱的安宁时，每时每刻都濒临于误会的边缘。并且，理解的局面——这是多么的令人惊恐，这种惊恐实际上与其说是一面出在

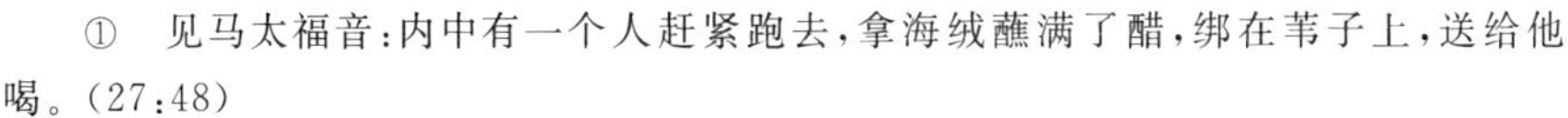

① 见马太福音：内中有一个人赶紧跑去，拿海绒蘸满了醋，绑在苇子上，送给他喝。(27:48)

② 即信仰或犯过失的方式。

③ 丹麦文 digte(名词 digt 指诗，digter 指诗人)指“去写一首诗”，“去创作一部文学作品”。

④ 见马太福音：也没有人把新酒装在旧皮袋里；若是这样，皮袋就裂开，酒漏出来，连皮袋也坏了。唯独把新酒装在新皮袋里，两样就都保存了。(9:17)

上帝的声音中发颤，一面人的脸上显出惊恐[①]的那种惊恐，不如说是跟上帝平起平坐的那种惊恐，而上帝所关心的正就是这样的平起平坐。

倘使现在有人想说，“你所写的东西是屡见不鲜的最拙劣的剽窃，因为它充其量只是连小孩都知道的东西”，那么，我也许应当羞愧地听着，因为我是一个说谎的人。但为什么这些东西是最拙劣的呢？毕竟每个剽窃的诗人都是剽窃别的诗人的，因此我们都同样地拙劣；事实上，我的剽窃行为也许并不那么有害，因为它更容易被发现。但不过，诗人又是谁呢？要是我殷勤得甚至想把你看作诗人，因为是你对我作出了评价，那么，你也许会再次生气。要是根本没有一个诗人而仍然有一首诗的话——这也许是难以理解的，实际上，就像听到吹奏笛声而没有任何吹奏人那样难以理解。[②] 或许，这首诗就像一句谚语，谁也不知道它的作者，因为它看上去就像是整个人类创作的。而这也许就是你要把我的剽窃称作迄今最拙劣的剽窃的原因吗？因为我并未窃取任何个人的，而是盗取人类的，并且，尽管我孑然一人——实际上，甚至还是一个拙劣的贼——却高傲地以全人类自命。要是真这样的话，那么，假

① 见出埃及记：到了第三天早晨，在山上有雷轰、闪电和密云，并且角声甚大，营中的百姓尽都发颤。摩西率领百姓出营迎接上帝，都站在山下。西奈全山冒烟，因为耶和华在火中降于山上。山的烟气上腾，如烧窑一般，遍山大大地震动。(19:16-18)

② 在柏拉图的对话《申辩篇》中，苏格拉底这样说：“美勒托(Meletus，在雅典法庭上指控苏格拉底犯罪的人)，世上真有人相信人所做的事而不相信人么？雅典人啊，回答他的问题，不要让他再接连提出这些非难。世上真有人不相信马，却相信马所做的事么？或者，真有人不相信音乐家，却相信音乐家的演奏么？不，不会有人的，我尊敬的朋友。倘若你不想回答，我将提供给你，也提供给这些雅典人。但你必须回答下一个问题：真有人相信神秘所做的事情而不相信神秘的生命物？”(27b-c)

使我跑到每一个人那里，每一个人当然就都听说，而且也都知道，他不曾创作过它，那么，我因此就可以得出是人类创作了它的结论吗？这不奇怪吗？因为要是整个人类创作了它，大概也就可以这样表达说：每个人都同样近乎创作了它。你不认为我们在这里已陷入了某种困境，尽管一开始整个问题——由于你简短而又愤慨地声明，我的诗是最拙劣的剽窃，并且我只得带着羞愧听你的声明——似乎显得非常容易解决。这样，它也许根本就不是一首诗，或者，无论如何不能把它归于任何人，或者，也不能把它归于人类。那么，我算了解你啦。你把我的所为称作最拙劣的剽窃，因为我不窃取任何人，不盗取人类，但却盗取了上帝，或者可以说，绑架了他，尽管我只是孑然一人——实际上，甚至只是一个拙劣的贼——却冒渎地自命为上帝。我亲爱的朋友，现在我完全了解你，并且明白你的愤慨是有道理的。同时，我的灵魂也被新的惊奇所震慑——实际上，这种惊奇充满了赞叹，因为要是它曾经是一首人的诗篇的话，它想必已令人惊奇了。人大概会想到用诗把自己说得像上帝一样，或者用诗把上帝说得像他自己一样，但人并不用诗去说，上帝用诗把自己说得像人一样，因为要是上帝一点不示意的话，人怎么可能想到，至圣的上帝会需要他呢？这或许真是最坏的想法，或者说得更确切些，是一种他甚至不可能有的想法，尽管这样，一旦上帝把这种想法透露给他，他就恭敬地说：我并未有过这种想法[①]——并且觉得它成了无比美好的想法。这一切不奇异

① 见哥林多前书：如经上所记：上帝为爱他的人所预备的是眼睛未曾看见，耳朵未曾听见，人心也未曾想到的。(2:9)

吗？这话出于我的口，不就像一句微妙的预言，因为就像我实际上说过而你本人无意中说过的那样，我们并未站在奇迹之前，而由于现在我们二人都正站在这个奇迹之前，它庄严的肃穆不可能被人的有关什么归我以及什么归你的争吵所干扰，它那令人敬畏的话远远盖过了人的有关我的还是你的之争吵，这些争吵使我产生了荒谬可笑的错误想法，为此请原谅我。那是一种错误的想法，并且这诗跟任何人的诗都不同，它完全不是什么诗，而是奇迹。

第三章　绝对的悖论

——一个形上学的奇想

虽然苏格拉底尽他最大的努力去获得关于人的本性的知识并去认识他自己——的确，尽管千百年来他被称颂为无疑是最懂得人类的人——但不过，他也承认，他甘愿费心去考虑诸如双翼飞马和蛇发女怪一类生物的本性的原因，在于他还不完全了解自己，不了解他(作为一位人的本性的鉴定家)是比百头妖怪更难以理解的怪物，还是天生就分有一点神性的更简单温顺的生灵(见《斐德罗篇》，*Phaedrus*' 229e)[①]。这看来是一个悖论。但不必对这个悖论有所误解，因为悖论是思想的激情，思想家要是没有悖论就像情人

---

① 在柏拉图的《斐德罗篇》中，苏格拉底说："斐德罗，虽然我也认为这些理论(对风神玻瑞阿斯从渊谷抢掠奥瑞提亚公主作理性解释的理论)无疑是有迷惑力的，但并不认为这些理论是聪明的，孜孜不倦于这些理论的人并不令人羡慕。理由很简单，他们一旦开了头，要解释的神话多的是，他们要给我们解释半人半马兽和吐火女怪，更不必说一大群这样那样的半人半马兽，蛇发女怪和双翼飞马，以及传说中的无数怪异之物。要是我们的怀疑论者，以他仅有的一点理智，要把它们逐一核验，看它们是否真有可能，那么，他就得为此耗费时间，我本人肯定没有时间耗费在这类事情上，并且我也可以告诉你为什么，我的朋友。我至今还不能做到像德尔斐(Delpli)神谕嘱咐我的"知道我自己"，而只要我还不知道自己，忙于去研究这些怪异之物，在我看来就是很可笑的。所以我把这类事情撇之一边，只接受通常人们对于它们的看法，我所要研究的，就像我刚才所说，只是研究我自己，看一看我究竟是比百头怪物还复杂和骄傲不驯的生灵，还是一种天生就分有一点神性的更简单温顺的并非百头怪物的生灵"。(229o—230a)

没有激情:那就只是庸人一个。但任何被强化到极点的激情总得要它自己决意去降温,所以也正是认识的最高激情决意去冲突,尽管用种种方式,这种冲突肯定也会有所弱化。因此,这就是思想的最终悖论:要去揭示思想本身不可能想到的东西。这种思想的激情原本就表现在思想的每个方面,也表现在各人的并不尽然只是他自己的思想中。但由于习惯,我们却没有发现这一点。同样,自然科学家这样告诉我们,人走路的动作是一种连续的跌倒,但每天早晨走到办公室和中午走回家的一个稳重的绅士可能会认为这是夸张的说法,因为他的行走毕竟是一个中介问题,他怎么会想到,他——不偏不斜只注视自己鼻子的他——在不断地跌倒。

但为了开个头,让我们对一个冒失的命题作个说明:我们假定,我们知道人是什么。[通过假定此命题想去赋予它疑问的形式,表面看来也许是荒谬可笑的,因为,在我们这个以神为中心的时代,毕竟人人都知道人是什么。但愿真是如此!德谟克利特也知道人是什么,因为他对人作了这样的规定:"人是众所周知的,"他继续说,"因为一条狗、一匹马、一株植物等等,都是众所周知的,而人不属于这一切。"我们不至于会像恩披里柯[①]那样别有用心,我们也不会像他那样聪明,因为大家都知道,他完全正确地由此得出人是一条狗的结论:因为人是众所周知的,而一条狗也是众所周知的,因此——(人是一条狗,)我们不至于别有用心,但我依然不

① 恩披里柯(Sextus Empiricus,约 160—220),古罗马哲学家,后期怀疑论派代表之一。主要著作有《皮浪学说纲要》(*Outlines of Pyrrhonism*)、《驳数理学家》等。

明白，在我们这个时代，这个问题是否已经澄清到这样的程度，以至于不必为想到可怜的苏格拉底及其狼狈处境而感到有丝毫的忐忑不安。]在这里，我们实际上假定有真理的标准，整个希腊哲学都在探寻这一真理的标准，它或被怀疑，或被肯定，或者有了结果。而古希腊人愿意去作这一探寻难道不值得注意吗？这不好比是对古希腊人理智意义的一个简要概括吗？不好比是对它自己写的一句评语吗？一句评语有时要比写一部冗长的著作更受用。因此，这命题是值得去假定的，并且同样还有另一个理由，因为我们已经在前二章中说明了这个理由，而任何想去辨明苏格拉底跟我们的差别的人一定都会注意到，苏格拉底并未陷入在他之前或之后的古希腊怀疑主义的陷阱之中。要是不去坚持苏格拉底的回忆说以及每个人都如同一般的人的学说，那么，恩披里柯已准备去把"学"所带来的变化说成既困难又是不可能的，[①]并且，普罗泰戈拉[②]提

① 恩披里柯从人不可能教授的另一角度去论证这种变化既困难又不可能。他在《皮浪学说纲要》中写道：因此，比如说，教育的事情就是或真或不真的；如果是不真的，它就不可能教授；因为他们断言不真是非实在的，而非实在的东西不可能有任何东西可教。然而它不被说成是真的；因为我们已在"论准则"("On the Criterion")那一章中说明，真理是非实在的。于是，如果不实和真都不可教授的话，并且除了这些以外没有任何东西可教授的话(因为固然没有人会说，虽然这些是不可教的，他还是去教这可疑的课程)，那么就没有任何东西可教授。并且，可教授的东西或者是显而易见的或者是不明显的。要是教授的东西是显而易见的，那就用不到去教；因为显而易见的东西在每个人看来都是相同的。而要是教授的东西是不明显的，那么正因为是不明显的东西，如我们经常指出的，(它们之所以)不可理解是由于对它们未决的争论，它将不可能教授；因为任何人怎么有可能去教或学他所不理解的东西呢？但要是不论显而易见的东西还是不明显的东西都不可教授的话，那也就没有什么可以教授了。(卷三，253—54)

② 普罗泰戈拉(Protagoras，约前485—前410)，古希腊哲学家，最早的智者。

出万物以人为尺度[①]——他在这个起点上驻足不前——是在人是其他一切东西的尺度的意义上，而不是在各人不多不少是他自己的尺度这一苏格拉底的意义上。

于是，我们知道人是什么，并且这种智慧——我最不愿去贬低这种智慧的价值——会不断变得更加丰富和更加有意义，而真理亦然如此。然而，认识都停滞不前，就像苏格拉底站着不动那样，[②]因为现在认识中悖论的激情决意要激起冲突，要是认识本身真正不想让自己衰落的话。这跟情欲的爱的悖论是相同的。一个人本来过着悠然自若的生活，后来，对另一个人——一个去向不明的人——的爱，激起了自我怜爱的悖论。（在所有爱中，自我怜爱是基础或相当于基础，那就是为什么我们可以想象的任何爱的宗教会像看待警言那样，真切地以如下唯一条件和假设是特定条件作为前提的原因所在：爱自己，为的是像爱自己那样去爱邻人。）[③]

① 关于普罗泰戈拉此一哲学命题，多次见于柏拉图的作品之中。比如，在柏拉图的《泰阿泰德篇》中，苏格拉底问泰阿泰德："关于知识，你恰巧提出非同小可的理论，而且普罗泰戈拉也提过的。他只用另一方式讲同样道理。在某书上写着：'个人是一切事物的权衡；存在者之存在、不存在者之不存在，标准并存于个人。'你读过吧？"（152a，商务印书馆，1964 年版）

② 在柏拉图的《会饮篇》中，阿尔基比亚德向大家叙述了苏格拉底的这段轶事："一天清晨刚日出时他就开始沉思某个问题，站在那里想得出神，没有想好，他就一动不动地总站着，不肯放弃。一直到中午，战士们看到他就这么站着，十分惊异，相互说，'从黎明到现在，苏格拉底怎么一直站在那里呆想。'又到了黄昏，一些伊奥尼亚士兵在晚饭后把被褥拿了出来，当然，那时正值夏季，他们要睡在露天，看一看苏格拉底是否整夜都这么站在那里。嘿！他果然站在那里，一直站到第二天黎明，当日出时，他向太阳做了祈祷，然后才走开。"（220c-d）

③ 见马可福音："'你要尽心、尽性、尽意，尽力爱主——你的上帝。'其次就是说：'要爱人如己。'再没有比这两条诫命更大的了。"（12:30-31）

这种爱的悖论改变了情人，因此他几乎不再认得出自己。（作为情欲之爱的代言人，诗人们证明了这一点，就像情人们自己所证明的那样，因为他们允许诗人们只去为他们本人而不是为他们的状况说话。）认识的内在悖论也同样以这种方式影响一个人及其对自己的认识，他一直以为了解自己，现在却不再拿得准自己是否真是比百头怪物还复杂的骄傲不驯的生灵，还是一种天生就分有一点神性的更简单温顺的生灵（σκοπῶ οὖ ταῦτα，ἀλλ ἐμαυτόν，εἴτε τι θηρῖου ὄυ συγκάιιω τυφῶνος πολυπλοκώτερου καὶ μᾶλλον ἐπιτεθυμμένο εἴτε ἡμερώτερόυ τε καὶ ἀπλοὐστερου ζῶου，θεὶας τιυôs καὶ ἀτύφου μοὶρας φὺσει μετὲχου）[《斐德罗篇 X》230a]。

但这种认识因其悖论的激情而与此相冲突甚而干扰人及人的自知的未知东西是什么呢？它是未知的。但它不是他所了解的人，或任何他所了解的其他东西。因此，让我们把这种未知物称为上帝（the god）。上帝只是我们给这未知物起的一个名称。认识几乎想不到有必要去论证这种未知物（上帝）的存在。也就是，假如上帝不存在的话，那当然就不可能去论证它。而假如他存在的话，那么要去论证他的存在就显得愚蠢可笑，因为在论证开始的瞬间，我不会预设他的存在是不确定的——一个预设的东西是不会被假定为不确定的，因为这是预先假定了的——而会预设是确定的，否则我就无从着手，不难理解，要是上帝不存在，所有一切都将是不可能的。不过，要是我把“论证上帝的存在”的说法理解为我想去论证那未知物，它存在的话就是上帝，那么，我并没有很恰当地表达我自己的意思，因为那样的话，我就是论证不存在的东西，论证一种最不可能存在的东西，我就只是展开一个概念的定义。

要想去论证某种东西存在，通常是一件难办的事情——更糟糕的是，对敢于去论证它的勇敢心灵来说，还有这样一个难处，那就是，这样做不会给他们带来任何名声。整个论证的过程不断变成完全不同的东西，变成对我从预先假定研究客体存在中所作推断的一种最后的延伸性展开。因此，不管我是在可感知界域内进行，还是在思想界域内进行，我最终都论证不了存在，而只能从存在去论证。比如，我论证不了一块石头存在，而只能论证存在的某物是一块石头。法庭不论证一个罪犯存在，只论证实际存在的被告是一个罪犯。不管人们想把存在称作一个附加条件还是称做永恒的先决条件，它都永远不可能被论证。我们还是谨慎一点，毕竟在我们看来没有理由要像那些人一样急于去论证存在，那些人有他们自己的理由，或是出于对自身的关心，或是出于对上帝的关心，或是出于对别的什么东西的关心，所以必须急于去获得某种东西存在的证明。倘使那样的话，他们就有充分理由急于去论证，尤其当这些人并没有狡诈地暗自窃想，不管他去不去论证，他本人或他所研究的客体实质上都是存在的，而是真心顾忌到在他去证明其存在之前，他本人或他所研究的客体真的有不存在的危险。

假如有人想从拿破仑[①]的著作中论证拿破仑的存在，那可能还不是最荒谬可笑的，因为他的存在确实解释了著作的由来，但著作却论证不了他的存在，除非我预先认为“他的”这个词已经假定了他的存在。但拿破仑只是个人，在那个程度上，他跟他的著作之间没有任何绝对的关系——因此其他人也可能写出同样的著作。

① 拿破仑(1769—1821)，法兰西第一帝国和百日王朝皇帝，杰出的军事统帅。

也许那就是我不能由著作去论证存在的原因。如果我把著作称为拿破仑的著作,那么这种论证就是多余的,因为我已经提到了他的名字。如果我忽视这一点,那么我就绝不可能由这些著作去论证它们是拿破仑的著作,而只可能(纯概念地)去论证,这些著作是一位伟大统帅的著作,或诸如此类人的著作。不管怎样,在上帝和他的作品之间有一种绝对的关系。上帝(God)不是一个名称,而只是一个概念,也许正因为那样,他的本质就包含着存在(essentia involvit existentiam)。[①] 比如,埋首于上帝概念之中的斯宾诺莎,目的在于通过思想去从上帝概念中引出存在(Voeren),不过请注意,那存在不是作为一种偶然的特性,而是作为一种本质的认定。这是斯宾诺莎的深刻之处,但让我们看一下,他是如何做到这一点的。在《笛卡儿哲学原理》(Principia Philosophiae Cartesianae)的第一部分命题七定理一中,他说,"事物按其自身的本性越完善,就越具有更多和更必然的存在;相反,事物按其自身的本性越具有更必然的存在,它就越完善。"(拉丁文略)因此,越是完善就越存在;越是存在,就越完善。不过,这是一种同义反复。这一点在一个注中甚至显得更清楚,注十一写道:"我们在这里所说的并非人们所向往的美和其他完善的东西,人们由于迷信和无知才称完善。我们说的完善,恰恰是指实在或存在。"(拉丁文略)他以实在(realitas)或存在(esse)去解释完善。因此,事物越完善,它就越存在(is);而它的完善,又在于它本身有更多的存在(esse),即它有越多

① 见斯宾诺莎的《伦理学》:"上帝,或实体——由无限的属性组成,其中每一属性都表示永恒和无限的本质——是必然存在的。"(第一部分)

的存在，它就越存在——关于同义反复仅仅就这么一些。但接下去，这里还缺少在事实的存在和观念的存在之间作一个区分。要是不去作这一区分，那么这里语言本身的模糊用法——所谓更多或更少的存在，因此也就是所谓存在的度——甚至就会变得更加混乱，换言之，虽然斯宾诺莎实际上讲得很深刻，但却没有首先去探讨这个疑难。对于事实的存在，谈论更多或更少的存在是无意义的。当一只苍蝇存在时，它就具有跟上帝一样多的存在；对于事实的存在，我在这里所写的无聊注释具有跟斯宾诺莎意义深刻的话一样多的存在，因为哈姆莱特的生存还是毁灭[①]的辩证法适用于事实的存在。事实的存在不在乎各种本质决定因素的差异，并且所有存在的东西都丝毫不用妒忌地同等分有存在。这跟观念的情况确实完全不同。一旦我从观念上说到存在时，我所说的就不再是存在而是本质。必然具有最高的观念性，所以它存在。但所存在的是它的本质，因此，它显然不可能因为这种存在而成为事实的存在的辩证决定因素；并且也不可能说它比其它东西有更多或更少的存在。这在以往大致被表示为：假如上帝是可能的，他当然就是必然的（莱布尼茨）。[②] 于是，斯宾诺莎的论点就是完全正确

① 在莎士比亚的《哈姆莱特》（*Hamlet*）第三幕第一场，哈姆莱特王子自言自语说：“生存还是毁灭，这是一个值得考虑的问题。”（《莎士比亚戏剧集》，四，人民文学出版社，1958年版，第203页）

② 比如，见莱布尼茨的《单子论》（*Monadology*）第44条：如果在本质或可能性中，或更确切地说在永恒的真理中，有一种实在，这实在必定需要被发现在某种存在着的和现实的东西中，并因此在必然的存在的实存中，在它们之中，本质包含实存，或在它们是可能的当中是现实的。

第45条：因此只有上帝（或必然的存在）具有这种特点，即他必定是存在的。如果他是可能的。

的，并且，同义反复也是情有可原的，当然他也完全避开了这个困难，因为这个困难就在于去领会事实的存在，并让上帝的观念性介入事实的存在。

因此，上帝的作品只有上帝能造就。一点不错。那么上帝的作品又是什么呢？我想要以此去论证上帝存在的作品并非直接的存在，完全不是。难道能说自然和善德中的智慧，或者治理的智慧恰好就在我们鼻子底下吗？在这里，我们的心灵不是面临最可怕的盘问吗？并且，到底有没有可能去了结所有这些盘问呢？但我依然按这样一种事物条理去论证上帝的存在，并且，即使我开始去论证，也永远不会了结，还不得不老是把心思悬搁起来（in suspenso），生怕会发生什么可怕的事，使我未完的论证毁于一旦。因此，我得从什么作品去论证上帝存在呢？就从被当做观念看待的作品去论证——也就是说，这些作品并不直接显现。然而我最终并未从作品去论证它，而只是去展开我已经预设了的观念性；相信那种观念性，[①]我甚至敢于蔑视所有反对意见，甚至那些目前还未出现的反对意见。于是，我一开始对观念性的预设，就预设了我会成功地这样做，而这无非是预设上帝存在并且实际上一开始就信赖他。

而上帝的存在又怎样从论证中脱颖而出呢？这是一下子发生的吗？在这一点上它不就像笛卡儿的玩偶吗？[②] 一旦我放开这玩

① 比如，见安瑟伦（Anselm）的《道论篇》（*Proslogium*）第二部分，在那里，他相信被假设的虚构的东西，并着手去论证它的实存。

② 指一种重心有点偏的不倒翁玩偶，当它的脚被松开就会打滚，他被谑称为笛卡儿玩偶。

意儿,它就倒立着。“一旦我放开这玩意儿”——因此,我就应该放开它。对于论证来说,也是如此——只要我抓住论证不放(换句话说,继续去进行论证),存在就不会显现,只因为我处于论证它的过程之中,而一旦我放开这论证,就有了存在。而这种放开,即使算不了什么,毕竟是我的贡献。这倏忽的一瞬间未必会被重视,但不论它是多么短暂——它未必会是良久的,因为它是一个飞跃。不论这瞬间多么的倏忽,即使它就是立时片刻,这立时片刻也应当予以重视。倘若有人要去轻忽它,我想趁这个机会讲个轶事,以便表明,它实际上依然存在。克律西波[1]试图运用前进的或后退的连锁三段论去确定一个质的界限。卡尔涅阿德[2]把握不了质实际上出现的关节点。克律西波告诉他,要是能在运算中停顿片刻,然后,那时——那时他就能更好地理解它。而卡尔涅阿德回答说:请便,我不打扰你;你不仅可以停顿片刻,即使躺下睡觉也可以——那都没有关系。当你醒来以后,我们再在你停顿的地方开始。当然,事实也是这样;想睡一觉去摆脱什么就像想睡一觉去获得什么同样的无用。

因此,任何想论证上帝存在的人[并非在这样的意义上,即无最后保留地(reservatio fimalis)去阐明上帝的概念,这最后保留就是我们曾指出的,存在本身通过一个飞跃从论证中脱颖而出]反而证明了别的东西,这通常甚至是不需要去论证的东西,并且不管怎

① 克律西波(Chrysippus,前282—前209),古希腊斯多葛派哲学家。

② 卡尔涅阿德(Carneades,? —?),古希腊怀疑论哲学家。

样不会有比它更好的东西。尽管愚人心里说：没有上帝，[①]而他却在心里说，我对别人说：再稍等一会，我还要去论证它——啊！他是一个多么难得的聪明人！[一个多么好的荒诞喜剧的主题！]要是他被假定在这瞬间开始去论证，那么，上帝是否存在还是完全未定的，当然，那时他并未论证了它，如果那就是在开始时的情况，那么，他绝不会去作一个开始，这一方面是因为害怕自己不会成功，因为上帝也许真的不存在，而另一方面因为他没有什么东西可以着手去论证——在古时候，这种事情几乎谁也不去关心，至少苏格拉底——他实际上促进了对上帝存在的所谓自然神学的论证[②]——自己不去这样做。他不断预设上帝存在，并且根据这个

① 见诗篇：愚顽人心里说：没有上帝。他们都是邪恶，行了可憎恶的事；没有一个人行善。(14:1)

② 自然神学指人可通过自然的理性认识上帝的学说，它在欧洲17—18世纪成为一种颇有影响的宗教神学运动。其代表人物是英国神学家佩利(Paley，1743—1805)，他在《自然神学》(*Natural Theology*)一书中，用类比的方法论证自然的设计者是一个理智的和仁慈的创造主。其实，早在古代希腊，苏格拉底就有类似的看法。可参见色诺芬的《回忆录》卷一，第四章，苏格拉底说："那么，在你看来，最初造人的那位，岂不是为了有益的目的而把那些使人认识不同事物的才能赋予人：赋予人以眼睛，使他可以看到一切事物，赋予人以耳朵，使他可以听到一切声音吗？如果没有给我们鼻子，气味有什么用处？如果不是在嘴里造了一个可以知觉甜、苦和其他一切适口滋味的舌头，又怎能对这一切有所知觉呢？除了这些以外，由于眼睛是柔弱的，还造了眼睑来保护它；眼睑就好像门户一样，当需要看东西的时候就打开，睡觉的时候就关闭，你看这不是好像有预见之明一样吗？造睫毛长起来像屏风一样，不让风来损害它；在眼上边造眉毛当遮檐，不让汗珠从头上滴下来使它感到难受；使耳朵能够接受多色多样的声音，但却不被它们所充塞；使所有生物的门齿都适于咬嚼，然后臼齿又从它们把食物接过来磨碎；把生物赖以取得它们所喜爱的食物的嘴巴放在靠近眼和鼻子的地方；而由于所排泄出来的东西是讨人厌的，就使肠道尽可能通向远离五官的地方——事物的安排是如此显然地有预见性，它们是出于偶然还是出于计划，你难道还能有所怀疑吗？"(《回忆苏格拉底》，商务印书馆，1984年版，第28页)

预设，他力求给自然灌输以合目的的观念。要是有人问他，为什么他要这样做，他大概会解释说，要是他没有上帝存在这个信念支撑的话，他是没有勇气敢于开始这探险航程的。可以说，他是应上帝的要求，才抛出他的罗网去捕捉和谐与合目的的观念，因为自然界本身为扰乱人心，要弄了许多吓人的诡计和花招。

于是，认识中悖论的激情就是不断跟这个未知物相冲突，这个未知物一定存在，但也是不被知道的，并且在那种程度上又并不存在。认识并不超出这种程度；而以其悖论性而言，认识不可能中止跟它的接触和打交道，因为要想表示认识跟未知物的关系，是不应当说这未知物是不存在的，因为刚才说过那涉及一种关系。但要是上帝向我们表明的，不是它的存在，而只是未知物，那么，这未知物又是什么呢？要是因为我们不可能认知它而去断言它是未知物，而且即使我们能认知它，我们也不能去表达它，[①]这样说，尽管已正确地将这未知物理解成新的领域，却不能满足认识中悖论的激情。但这个新领域显然是会令激情头痛的，尽管这新领域也是引起激情的诱因。然而它可能一无所成，不论它是经由否定的方式（via negationis）还是经由观念化的方式（via eminentiae）。

那么，这未知物是什么呢？它是不断来临的新领域，所以，与此同时，运动范畴被不同的、绝对差异的静止范畴所替代。而正因为是绝对的差异，才没有任何识别的标记。规定绝对差异，看来像

① 恩披里柯记载，古希腊智者高尔吉亚（Gorgias）在他的《论非存在或论自然》（*Concerning the Non-existent or Concerning Nature*）一书中接连建立了三个主要论点——首先，没有什么东西存在；其次，即使有一些东西存在，人也难以理解；再次，即使有一些东西是可以理解的，它肯定也是不可表达的和不可传达的。

是接近对存在的揭示，但实际上并非如此，因为认识甚至不可能去思考这绝对的差异；它不能绝对地否定自身，只能为那个目的而去运用自身，从而去思考这差异本身，独自去思考这个差异。它不可能绝对超越自身，所以只把它独自去思考的崇高物认作是超越自身的。如果这未知物（上帝）不是唯一的新领域，那这差异的一种看法就要跟对差异的多种看法相混淆。未知物由是处于消散状态（δὶασπορά），而认识就要在可及的东西和可设想的（异常的、荒诞的以及诸如此类的）幻想的东西之间作一个引人注目的选择。

但这种差异是不能被可靠地把握的。一旦要去把握它，就多半是种武断，并且虔诚的深处蛰伏着以为是它本身产生上帝的任意武断。如果因为没有任何识别的标记，这种差异就不能被可靠把握，那么，就跟一切事物都带有辩证的对立面一样，它同样也带有差异和相似的对立面——它们是同一的。坚持认识的话，这差异就混淆了认识，以致认识不认知自身，反而把自身跟差异全然混淆起来。在驰骋想象的王国，异教徒信仰曾经如同两后春笋。关于刚才提到的假设——那是认识的自我嘲弄——我将只从几条途径去追溯，而不论它是否是历史的。于是，那里存在的某个人，就显得跟任何其他人完全一样，他也像其他的人那样长大成人和婚娶，有一份职业，也像常人那样去考虑来日的生计。要能像鸟在空中飞翔那样生活也许是妙不可言的[①]，但它却是办不到的，而在最恶劣的困境中，或则饿得要死——倘能忍饥耐饿的话，或则寄人篱

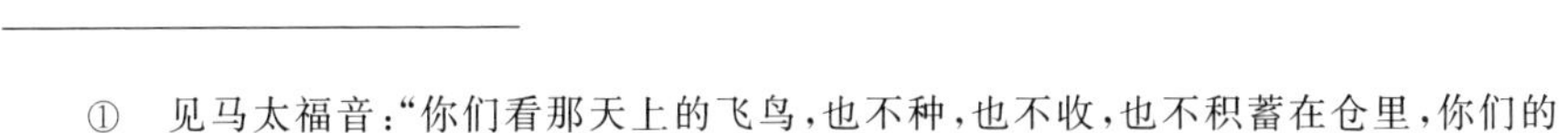

① 见马太福音：“你们看那天上的飞鸟，也不种，也不收，也不积蓄在仓里，你们的天父尚且养活它。你们不比飞鸟贵重得多吗？”（6：26）

下，实际上则有可能坚持到最后。这人也就是上帝。我怎么知道那人是上帝呢？当然，我不可能知道那人也是上帝，因为那样的话，我们就必须得知道上帝和差异，而我却并不知道这个差异，因为认识已经把这种差异变成了相似，直到它不再是差异为止。这样，上帝就由于认识的自欺而变成了最令人敬畏的骗子。认识尽可能就近去了解上帝，而结果却适得其反。

现在也许有人会说，“我完全明白了，你是一个耽于怪想的人，你肯定想不到，我真怕这样少见的或荒唐的怪诞想法，也许是任何人都没有想到过的，这种怪诞想法太不合情理，我要先去排遣自己意识中的一切，才能去思考它。”你恰恰必须这样做，难道你既想要保留你意识中的一切前提，却又想要把你的意识考虑为没有任何前提的，这说得过去吗？你多半不会否定这里的陈述——即认识在把未知物规定为差异方面最终走入迷途，并把差异跟相似混淆了起来——是连贯的吧？但这似乎暗示差异的东西，也就是说，假使一个人真要对未知物（上帝）有所认识，他首先应该认识到，上帝跟他是有差异的，上帝跟他有绝对的差异。单凭认识是不可能得知这种差异的（因为上面已经说过，这是一种矛盾）；如果认识打算去得知这种差异，它应当从上帝那里得知，而要是认识得知了这是绝对的差异，它也就不可能了解这差异，因此就不可能得知这差异，因为认识又怎么可能理解绝对的差异呢？要是这种差异不是直接自明的，那么它应当由推论而变得更清楚，因为假使上帝绝对不同于人，那么，人也绝对不同于上帝——而认识又怎么可能去领会这种绝对的不同呢？这里，我们看来陷入了悖论。正因为得知上帝是差异，而且得知上帝绝对不同于他，人才需要上帝。但倘使

上帝真的绝对不同于人，其可能具有的根据不是在人归于上帝的那种东西里（因为在某种程度上，他们是相类似的）而是在人归于他自己的那种东西里，或者在他表白自己的那种东西里。那么，差异又是什么呢？实际上，差异只是罪，因为这种差异，这种绝对的差异，应该是由个人自己引起的。我们在前面说到这一点，我们说，个人由于他自己的过错因而是没有真理的，我们曾半开玩笑半当真地以为，要他自己去明白这一点是实在太难了。现在我们又说到同一节骨眼上。熟悉人的本性的行家[①]一旦碰上这差异时，也会变得不知所措；他不再明白，自己是否是比百头怪物更难以理解的生灵，还是在自己身上真有一点神性的东西。那么，他缺少什么呢？缺少罪的意识，就像别人不能把罪的意识教给他一样，他也不能把罪的意识教给别人。只有上帝能教以罪的意识——要是上帝想成为教师的话。但他就像我所讲的故事那样，实际上真想成为这教师，为的是，他想跟每个人平等相处，使他能够完全理解每个人。于是，悖论甚至更变本加厉，或者说，同一悖论具有它借以显现为绝对的二重性——从消极一面讲，在于使罪的绝对差异变得更加突出，从积极一面讲，在于又想以绝对的平等取消这绝对的差异。

但诸如这样一种悖论是可以想象的吗？我们不必急于去回答；每当因回答问题而发生争论时，这种争论往往不像田径场上的竞争，取胜的关键不在速度而在正确性。认识当然不可能想到这种悖论，也不可能光凭认识本身突然想起它，假使讲明是悖论，认

① 指苏格拉底。

识也不可能理解它，而只是发现悖论很可能是它（认识）本身的失败。在某种程度上，认识强烈反对悖论，然而另一方面，认识因其悖论的激情实际上决意要它本身失败。但悖论也决意要认识的这种失败，因而双方有一种共同的了解，但这种了解只出现在激情的瞬间。让我们细想一下情欲之爱的条件，尽管它是一种有缺陷的比喻说法。自爱是爱的基础，但当它处于顶点时，它那悖论的激情就决意要它自己降下来。情欲之爱也决意要这样做，所以，这两种力量都在激情的瞬间处于共同的了解之中，而这种激情恰正就是情欲之爱。那么，情人何以不会想到这一点，尽管因自爱而害怕情欲之爱的人既不可能了解这种爱，也不敢大胆表示这种爱，因为这种爱实际上是他的失败。情欲之爱的激情亦然如此。当然，自爱已经失败，不过它没有消灭而只是被俘虏，并且是情欲之爱的战利品（spolia opima）。但自爱可能再次恢复生气，而这种恢复生气的自爱就成了情欲之爱的精神磨难。悖论跟认识的关系也是如此，除开这种激情有不同的称法，或者确切地说，我们只需为这种激情设法寻找一种称法。

附录 悖论的冒犯
——一种听觉的幻想

如果悖论和认识在对它们差异的共同了解中遭遇，那么，这遭遇是一种快乐的遭遇，就像情欲之爱的认识一样——对于在激情中的快乐，我们至今还没有提供任何称法，我们在后面也不提供任何称法。如果这不是在共同了解中的遭遇，那么，认识与悖论的这种关系是不幸的，并且是认识的不幸的爱，要是我敢于那样去称呼它的话（请注意，那只是譬喻源自于被曲解的自爱的不幸的爱；因为机遇的功能在这里是无能为力的，这种譬喻并没有任何进一步的附会），我们就可以更明确地称之为冒犯。

所有冒犯在其最深层次上都是一种受难。我们的语言正确地把一种无拘束的兴奋状态称为一种精神的受难（sindslidelse），尽管在使用"兴奋状态"这个词时，我们通常想到的是使我们震惊而骤然爆发的狂放失态，我们会因此而忘却这是一种受难。[①] 比如，恣肆狂妄，蔑视一切等。[②] 在这一点上，它类似于那种不幸的爱。

---

① 比如，见斯宾诺莎的《伦理学》："我把情感解释为身体的变态，依靠所说身体的能动力而被增加或减少、被帮助或抑制，并且也是这些变态的观念。注意，如果我们可能是这些变态的任何一个的充分理由，那么我们就称情感为一种能动性，否则我就称它为一种激情，或者在那里理智是被动的状态。"（第三部分，定义3）

② 丹麦文 lidende 字面上指"受难"或"遭受"，因此跟能动性和能动作用相反，是被动性和受动能力。

即使自爱(自爱是一种受难,这看来不已经是一个矛盾吗?)在惊人行为的最鲁莽举动中也自称它是受难,它受伤害,而伤害的痛苦就引起对模拟行为的力量的这种错觉的表示,并且多半还能骗人,尤其是因为自爱特别隐匿了这一点。实际上,即使把自爱硬塞给爱的对象,即使它苦苦训练自己无情的冷漠并为显得冷漠而折磨自己,即使它因成功地做到这一点而得意忘形(这种样子是最容易骗人的)——即使那样,它还是受难。

对冒犯来说亦然如此。不过,它宁愿表达自身,即使它扬扬得意地庆贺冷漠的胜利,它仍永远是一种受难。不论这被悖论冒犯的人是否几乎像一个乞丐,沮丧地呆坐着——因他受难而发呆,或者即使他自己准备了笑料,并且他智慧之箭仿佛从这处去瞄准——他仍然是在受难,并且不留一点余地。不论冒犯是否发生和从被冒犯者那里获得最后一点安慰和快乐,或者冒犯是否使他变得坚强——冒犯仍然是一种受难。由于跟强者搏斗,他的精神状态天然地类似于精疲力竭者的精神状态,那实际上表示一种非凡的坚韧。

不过,我们足以区分受难的冒犯和主动的冒犯,然而,我们不要忘记,受难的冒犯就它不会听任自己完全被消灭而言是主动的(因为冒犯总是一个行为,不是一个事件)。而主动的冒犯总是软弱的,不足以能把自身从被钉的十字架上拉开,或去拔掉受其伤害的箭。语言的用法也表明,所有冒犯都是一种受难。我们说“被冒犯”,那原本只是表示状态,但我们也同义地说“受冒犯”(受难[lidende]和行为同一)。在希腊文中,行为这个词来自(冒犯、唐突),所以是指受唐突。这里的倾向是清楚的;唐突不是冒犯,而受唐突

才是冒犯，因此是被动的(passivt)，它尽管自己受唐突，同样也是主动的。因此，不是认识本身引起冒犯，因为光是认识发现的悖论的唐突所显示的既不是悖论也不是冒犯。

但恰恰因为在某种意义上冒犯是一种受难，这个发现——如果可以这样说的话——并不属于认识而属于悖论，因为就像真理既是本身的标准又是虚假的标准(index sui et falsi)[①]，悖论也同样如此，并且冒犯并不自知，[在这方面，苏格拉底的一切罪恶都出于无知的原理[②]是正确的；罪恶实际上并不自知，但这并非指不可能有意作假。]而是被悖论所知。因此，不管冒犯怎样去表达自身，它总是来自别的地方——实际上来自相反的角落——的声音，然而由它传出的正是悖论的声响，并且，这实际上是一种听觉的幻想。但倘若悖论是它本身的标准和虚假的标准(index and judex sui et falsi)，那么，冒犯可以被看作是对悖论的正当性的一种间接的检验，因为冒犯是记录错误的账册，是作假的结果，悖论要以冒

① 见斯宾诺莎的《伦理学》："此外，有什么东西可能比作为真理标准的一种真实的理念更清晰和更可靠呢？正如光既照亮自己又照亮黑暗，所以既是本身的标准又是虚假的标准的真理。"(第二部分，命题 43)

② 见色诺芬的《回忆录》：(苏格拉底还说，)正义和一切其他德行都是智慧。因为正义的事和一切道德的行为都是美而好的；凡认识这些事的人决不会愿意选择别的事情；凡不认识这些事的人也决不可能把它们付诸实践；即使他们试着去做，也是要失败的。所以，智慧的人总是做美而好的事情，愚昧的人则不可能做美而好的事，即使他们试着去做，也是要失败的。既然正义的事和其他美而好的事都是道德的行为，很显然，正义的事和其他一切道德的行为，就都是智慧。(《回忆苏格拉底》，商务印书馆，1984年版，第 117 页)

犯去拓开。被冒犯者不会按他自己的本性说话,[①]而会按悖论的本性说话,就像有人丑化别人那样,他不是创作属于这个人的东西,而只是以错误的方式去临摹其他的东西。冒犯的表示越是深刻地隐含在激情之中(行为或受难),冒犯多少受惠于悖论这一点就越是明显。那么,冒犯就不是认识的起点——绝不是那样,因为那样的话,认识应当也会引起悖论。不!冒犯是由于悖论才得以实存;要是它得以实存,那么,我们在这里就又有了瞬间,一切实际上都绕着这瞬间转。让我们简要说明一下。如果我们不假设瞬间,我们就要回到苏格拉底那里,而我们为了有所创见,恰恰想要去辞别苏格拉底。如果设定了瞬间,于是就有了悖论,因为悖论按其最简化的形式,也可以被称为瞬间。由于瞬间,门徒变得没有真理;有自知之明者变得对自己困惑起来,并且在他获得罪恶一类意识之后,就不再有自知之明,因为我们一旦假设了瞬间,一切就都取决于瞬间本身。

从心理学的观点来看,在较主动的冒犯和较被动的冒犯的范畴内部具有颇多细微的差别。描述这些差别不是本章所关心的,但重要的是去强调,所有冒犯本质上都是瞬间的一种误解,因为瞬间实际上是悖论的冒犯,而悖论本身也就是瞬间。

瞬间的辩证法是并不烦难的,在苏格拉底看来,瞬间是看不到或者辨认不出的;它并不存在,过去没有,将来也不会有。所以门徒本人是拥有真理的,作为机缘的瞬间只是一种无稽之谈,就像印

---

① 见约翰福音:你们是出于你们的父魔鬼,你们父的私欲你们偏要行。他从起初是杀人的,不守真理,因他心里没有真理。他说谎是出于自己;因他本来是说谎的,也是说谎之人的父。(8:44)

在最后一页的书名实际上不是该书的书名那样。并且，所谓决定性瞬间的说法是愚拙的，[①]因为要是假设这是决定性的，那么（见上面）门徒就成了没有真理的。而恰恰这种没有真理使瞬间作为一个开端变得必要。冒犯表示的瞬间是愚拙的，悖论是愚拙的——悖论声称认识是可笑的，但这现在是作为由冒犯发出的一种回声。抑或瞬间应当是不断迫近的；是一种等候和注视，并且瞬间应当是值得密切注意的非常重要的东西，但因为悖论使认识成为可笑的，认识视为非常重要的东西是没有任何识别标志的。

冒犯依然处在悖论之外，其根据是：因为它是不合理的（quia absurdum）。然而认识未曾发现这一点，反倒是悖论发现这一点，并且立即从冒犯那里取得证据。认识声称，悖论是不合理的，但这只是一种可笑的滑稽模仿：悖论确实是悖论，因为它是不合理的。冒犯依然还处在悖论之外，并保留了可能性；而悖论是最不可能的。再者，也并非认识发现悖论是最不可能的，认识仅仅只是鹦鹉学舌般地复述不管看来是多么不可思议的悖论，因为悖论本身表明：喜剧、小说和谎言都应该是可能的，但我怎么会是可能的呢？冒犯依然处在悖论之外——这不足为奇，因为悖论就是奇迹。认识没有发现这一点；相反倒是悖论把认识引领到奇异的坐凳上[②]并回答说：现在，你对什么感到惊奇呢？它正像你所表明的，而令

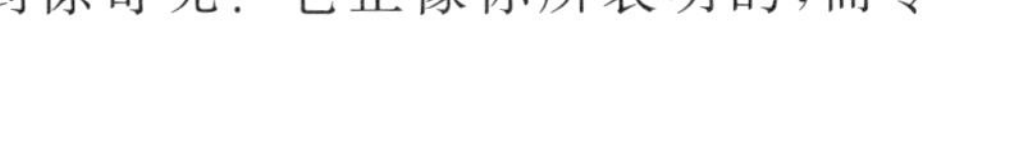

① 见哥林多前书：我们却是传钉十字架的基督，在犹太人为绊脚石，在外邦人为愚拙。（1:23）

② 一种被称为“奇异的凳子”的游戏。做游戏时，一人被蒙上眼睛坐在一个圆圈当中的凳子上，另一个人绕着圆圈走，轻声问其他人，他们对坐在凳子上的人感到惊奇的是什么。在听到其他人的回答后，他就要设法去猜测他们感到惊奇的原因。

人惊奇的是，你却以为它是一个缺点，出于一个伪善者之口的真理对我来说要比从一个天使和一个使徒那里听到的更加亲切。当认识为它跟悖论——在认识看来，悖论是最低级不足取的——相比时它那夺目的光彩而扬扬得意时，那种光彩却并非出自认识，相反，悖论才是所有这种光彩的始作俑者，它把所有的光彩——甚至有缺陷的光彩（vitia splendida）——都让给了认识。当认识想去怜悯悖论并想帮它做解释时，悖论却并不领情，反而认为由它去怜悯认识并帮认识做解释才更合适，那对哲学家们——他们把神妙的东西变得平庸浅薄——不也合适吗？[①] 当认识不可能去接受悖论时，其原因不在认识，而在悖论本身，悖论本身过于荒谬，居然恬不知耻地把认识称作一个呆子和一个笨伯，认识对同一事物充其量只能说"是"或"不"，那却不是好的神学。[②] 这对冒犯来说亦是如此。冒犯关于悖论所说的一切都是它从悖论那里学来的，尽管是利用了一种听觉的幻想，冒犯还是坚决认为悖论是由它引起的。

但也许有人会说："你实在令人讨厌，因为现在我们又完全重复了同样的故事，你以悖论之口所表述的一切话完全不属于你。"——"这些话怎么会属于我的呢？因为它们实际上属于悖论"——"别让你的狡辩烦扰我们吧！你完全清楚我的意思。那些话不属于你，但却非常熟悉，并且人人都知道它们属于谁。"——

① 见莎士比亚的《终成眷属》：他们说，奇迹是过去的，我们有我们的哲学家，他们可以去把今人熟知的东西变成不可思议的和无缘由的。（第二幕第三场）

② 见莎士比亚的《李尔王》：吓，长着白胡须的贡纳梨（Goneril）！她们像狗一样向我献媚。说我在没有出黑须以前，就已经有了白须。我说一声"是"，她们就应一声"是"；我说一声"不"，她们就应一声"不"！（《莎士比亚戏剧集》五，人民文学出版社，1954 年版，第 272 页）

"啊！我的老兄，你的话并不令我难受，也许你未料到吧；不，这些话使我非常高兴，我得承认，在我写下它们时，我曾经担忧过。我自己也认不得自己，难以想象，通常是如此缺乏自信和胆怯的我，竟敢于去写下这一类东西。但倘使它们真不是我自己的话，那么劳驾你告诉我，它们又是谁的话呢？"——"这太容易了。这些话首先来自德尔图良[①]；其次来自哈曼[②]；第三来自哈曼；第四嘛，来自常被引证的拉克坦提乌斯[③]；第五来自莎士比亚喜剧《终成眷属》（第二幕第三场）；第六来自路德；而第七是在莎士比亚的《李尔王》中的一行。你看到了吧，我知道自己的职责，也知道怎样去把你连同剽窃的赃物都一起抓获。"——"说真的，我都明白，但请告诉我这一点——所有你提到的这些人都没有谈到悖论跟冒犯的关系，并请你注意，他们都不是被冒犯者，而是断然坚持悖论的人，可是却被说成仿佛他们都是被冒犯者，但冒犯却不可能提出比那更惊人的说法。悖论似乎就这样夺了冒犯的生计，使冒犯的本事无利可图，白白操心，就像一位对手那样古怪，他心神恍惚，不去抨击作者却去为他辩护，这不奇怪吗？你看起来不也是这样吗？不过，冒犯仍然有一个优点：它更明确地强调差异，因为在我们至今还没有去命名的那种快乐的激情中，差异其实是跟认识友善的。为了结合在某个第三者中，差异是必要的，但差异恰恰是这第三者——因

① 德尔图良（Tertullian，约155—240），古罗马基督教神学家，有首位拉丁教父之称。

② 哈曼（Hamann，1730—1788），德国神学家。

③ 拉克坦提乌斯（Lactantius，约240—320），基督教护教士，拉丁教父中著作流传最广的一位。他的著作中尚存的仅有论基督教父的部分。

为认识放弃自身而悖论献出自身(她半拉他,他半沉下),[1]并且,认识处在那种快乐的激情之中,无疑就会获得一个称法,但这是它最次要的方面,即使我的幸福没有一个称法——但只要我是快乐的,我就别无所求。”

① 出自歌德的诗“渔夫”(“Der Fischer”)。

第四章　与主同时的信徒的处境[①]

因此(就继续我们的诗篇吧),上帝已经作为一个教师露面。他像一个奴仆的样子出现,在他的地位,派遣另一个人,即使是一个他完全信赖的人,也是不会使他满足的,就像高贵的国王,在他的地位,派遣王国中他最信赖的人也不会使他满意一样。不过,上帝还有另一个原因,因为在人与人之间,苏格拉底式的关系实际上是最高最真实的关系。因此,如果上帝不亲自到来的话,那么一切就仍然是苏格拉底的方式,我们就不会有瞬间,我们也不会获得悖论。但奴仆的样子并非就是穿戴点仆人的衣着,而是实实在在的奴仆,并非就是不吃人间烟火的,而是有血有肉的,并且,上帝从出自他那全能者之爱的全能决心的时刻起,他就成了一个奴仆,可以说,他本人已被决意要做的事拴住,而现在他已身不由己,欲罢不能了(倘若不确切地说的话)。他不会暴露他的身份;他不可能像那位高贵的国王,突然亮出他原来是位国王——那只表明国王的无能和他的决意的无能,国王根本不是完人(所以才有这种可能性),他实际上是没有能力想到就去做到的。尽管上帝在他的地位

① 与主同时的信徒(the Contemporary Follower)指跟耶稣(约生于公元前10年)同时代的信徒。与此相应,the Contemporary 译为“与主同时的人”,或“主的同龄人”,the Contemporaneity 译为“与主的同时代”或“同时性”。

不会派遣任何人，不过，他会预先派个人，让门徒知道。当然，这位先遣者不可能知道上帝想要传授点什么，因为上帝的到来不是他传授所附属的，而是实质性的。上帝以人的样子到来——实际上，是以一个奴仆的谦卑样子到来——恰恰就是传授，并且，上帝本身应该提供条件（见第一章）；要不然，门徒是理解不了任何东西的。通过这样一位先遣者，门徒才开始有所意识，但也仅此而已。

不过，上帝并不是为了嘲弄人类才取奴仆的方式；因此，他的目的不可能是以这种人人都不得而知的方式去走遍人世的。他大概会允许人们了解一些有关他本人的事情，尽管为此所作的任何迁就实质上都无助于并未接受条件的人，因此，窥探他实际上就是强制他，并且是违背他意愿的，也许把门徒吸引过来，跟疏远门徒是完全一样的。他低声下气，真像奴仆的样子，[①]但他当然不会活得像一个奴仆，专门替一个人帮佣，执行他派给的工作，而不让他的主人或他的伙伴了解他是谁——我们简直没有勇气把忿怒一类东西归于上帝。所以，他取奴仆的样子，这事实只表示他是一个谦卑的人，一个既不穿细软衣服[②]也不以其他任何世俗的尊优使自己跟芸芸众生分隔开来的谦卑的人，并且他跟其他人没有什么区别，甚至跟他下凡前留下的无数营团的天使[③]没有什么区别。但不过，尽管他是一个谦卑的人，他所关心的却不是人们通常所关心

① 见腓立比书：他本有上帝的形象，不以自己与上帝同等为强夺的；反倒虚己，取了奴仆的形象，成为人的样式；既有人的样子，就自己卑微，存心顺服，以至于死，且死在十字架上。（2:6-8）

② 见路加福音："你们出去，到底是要看什么？要看穿细软衣服的人吗？那穿华丽衣服、宴乐度日的人是在王宫里。"（7:25）

③ 见马太福音："你想，我不能求我父现在为我差遣十二营多天使来吗？"（26:53）

的那些东西。他独来独往，并不关心去支配和分发这个世界的财产，他像一无所有并希望一无所有的人那样独来独往，像空中的飞鸟那样不关心他的生计，[①]像没有任何藏身之处或洞穴[②]并且不去寻找这样一个地方的人那样不关心住宅家屋。他不关心陪送死者到他们的墓穴，[③]不为通常吸引人们注意的事情所吸引，不让任何讨人喜欢的迷人女性拴住，而只去寻求朋友之爱。所有这一切似乎都非常美好，但这一切也是合适的吗？他这样做不就使自己高出通常人的条件了吗？至于人像鸟那样无忧无虑，甚至像鸟那样不为觅食而到处飞翔也是得当的吗？他难道不用为明天忧虑吗？我们并非不会用诗去表达上帝，但一篇虚构的诗又能体验到什么呢？它能体验太阳落山还在寻找住处的飘泊不定的四处流浪吗？[④] 问题在于：人表达得了上述事情吗？要不然的话，上帝所显现的就不是本来的人。诚然，要是人能表达的话，他也就能做到这一切。要是他能变得对精神服务如此的全神贯注，以至于根本想不到去谋利饮食，要是他确信，贫穷移不了他的志向，苦难压不垮他的躯体，并悔恨，自己在想更多的求知前，不首先去弄明白童蒙的课业——不错，那样的话，他就确实可以做到这一切，并且，他的

① 见马太福音："所以我告诉你们，不要为生命忧虑吃什么，喝什么；为身体忧虑穿什么。生命不胜于饮食吗？身体不胜于衣裳吗？你们看那天上的飞鸟，也不种，也不收，也不积蓄在仓里，你们的天父尚且养活它。你们不比飞鸟贵重得多吗？"(6:25-26)

② 见马太福音：耶稣说："狐狸有洞，天空的飞鸟有窝，人子却没有枕头的地方。"(8:20)

③ 见马太福音：耶稣说："任凭死人埋葬他们的死人；你跟从我罢！"(8:22)

④ 见路加福音：他们却强留他，说："时候晚了，日头已经平西了，请你同我们住下罢！"耶稣就进去，要同他们住下。(24:29)

伟大甚至比百合花默默的信念更荣耀。[1]

教师这般高尚地专注于自己的工作,使他引起了大众的注意,也许他们中有的人就成了他的学生,也许这教师会属于地位低下的一类人,因为聪明好学的人肯定会先向他提出诡辩式的问题,请他一起讨论,或者让他受一次盘问,在那之后,就为他担保一个终身职位或一份生计。

那么,我们这就请上帝走遍他所露面的城市(至于哪一座城市是无关紧要的);去宣称他把自己的传授看作生活中唯一要做的事,看作就是他自己的食物。[2] 教人是他的工作,而关心门徒则被他看作是工作中的快乐。他无亲无友,但在他看来,门徒就是他自己的弟兄姊妹。[3] 大家都知道,传闻形成得快,好奇的大众信之也快。教师无论走到哪里,那里的人们就簇拥在他身边,[4]好奇地看着他,好奇地听他说,他们逢人就想说,自己亲眼见到了他,亲耳聆听到他。这些好奇的人是门徒吗?根本不是,抑或,要是那城市中一位专职教师准备偷偷来到上帝跟前,为的是去测试他在对话中

① 见马太福音:“何必为衣裳忧虑呢?你想野地里的百合花怎么长起来;它也不劳苦,也不纺线。然而我告诉你们,就是所罗门极荣华的时候,他所穿戴的,还不如这花一朵呢!”(6:28)

② 见约翰福音:耶稣说:“我的食物就是遵行差我来者的旨意,作成他的工作。”(4:34)

③ 见马太福音:他却回答那人说:“谁是我的母亲?谁是我的弟兄?”就伸手指着门徒,说:“看哪,我的母亲,我的弟兄。凡遵行我天父旨意的人,就是我的弟兄姊妹和母亲了。”(12:48-50)

④ 比如,见马太福音:当下,有许多人从加利利、低加波利、耶路撒冷、犹太、约旦河外来跟着他。(4:25)

的论辩力,[①]这人是门徒吗?根本不是。倘使大众或那位专职教师真学到了一些东西,那么在纯苏格拉底的意义上,上帝就仅仅只是机缘。

上帝的露面现在成了在家中和王宫中、在市集广场上和政务会议上的当日新闻;成了大量无聊闲谈的诱因,也许还是较严肃思考的诱因。但对于门徒来说,这当日新闻是永恒,是永恒的起点,而不是其他什么东西的起点,甚至也不是他以苏格拉底的诚实让自己陷入沉思的诱因。上帝的露面这当日新闻就是永恒的开端!如果上帝让自己生在一个小客店,包在破布中,放在马槽里[②]——比当日新闻还更矛盾的是,这襁褓中的永恒,就跟想象的那样,其实是永恒的现实方式,所以,瞬间实际上决定了永恒!要是上帝不提供条件去了解这一点,门徒又怎么会想到它呢?但我们已把上帝提供条件那件事解释为瞬间带来的结果,并且我们已指出,瞬间

① 见约翰福音:有一个法利赛人,名叫尼哥德慕,是犹太人的官。这人夜里来见耶稣,说:"拉比,我们知道你是由上帝那里来作师傅的;因为你所行的神迹,若没有上帝同在,无人能行。"耶稣回答说:"我实实在在地告诉你,人若不重生,就不能见上帝的国。"尼哥德慕说:"人已经老了,如何能重生呢?岂能再进母腹生出来吗?"耶稣说:"实实在在的告诉你,人若不是从水和圣灵生的,就不能进上帝的国。从肉身生的就是肉身;从灵生的就是灵。我说:'你们必须重生',你不要以为希奇。风随着意思吹,你听见风的响声,却不晓得从哪里来,往哪里去;凡从圣灵生的,也是如此。"尼哥德慕问他说:"怎能有这事呢?"耶稣回答说:"你是以色列人的先生,还不明白这事吗?我实实在在地告诉你,我们所说的是我们知道的;我们所见证的是我们见过的;你们却不领受我们的见证。我对你们说地上的事,你们尚且不信,若说天上的事,如何能信呢?除了从天降下、仍旧在天的人子,没有人升过天。摩西在旷野怎样举蛇,人子也必照样被举起来,叫一切信他的都得永生。"(3:1-15)

② 见路加福音:他们在那里的时候,马利亚的产期到了,就生了头胎的儿子,用布包起来,放在马槽里,因为客店里没有地方。(2:6-7)

就是悖论，要没有这瞬间，我们除了回到苏格拉底是别无出路的。

正是这里，我们应当明白，一个历史的起点[①]显然也是与主同时的信徒的一个问题，因为要是我们至今还不明白这一点的话，当我们稍后（在第五章）论及这信徒——我们称之为再传信徒——的处境时，我们就会面对一个难以克服的困难。与主同时的信徒的永恒意识也获得一个历史的起点，因为他其实是跟这样一个历史事件同时代的，这历史事件并不打算作为一个机缘的瞬间，这历史事件打算让他只具有历史的兴趣，打算作为他的永恒幸福的条件。实际上（让我们把这结果颠倒一下），要是不这样的话，教师不是上帝而只是一个像苏格拉底那样的人，倘使这个人不像苏格拉底那样处事，那么，他就连像苏格拉底也谈不上。

于是，门徒由此就从这个悖论达到一种认识，因为我们所说的，不是他应当了解这悖论，而只是他准备了解这是悖论。我们已指出这是怎么发生的。这是在认识和悖论刚好在瞬间中遭遇时才发生的，是在认识退让一边而悖论献出自身时发生的，于是，某种第三方的东西，某种使这一切由以发生的东西（因为它并非由于被解除的认识才发生的，或者由于献出自身的悖论才发生的——而是由于某种东西），就是我们现在将给以一个称法的那种快乐的激情，尽管在我们看来，这并不是一个称法的问题。我们将把它称为信仰。于是，这激情应当就是上面提到过的由悖论提供的条件。请记着：假如悖论不提供条件的话，那么门徒就占有悖论；而假使门徒占有条件的话，那么，他本身当然就是真理，并且，瞬间才只是

① 见扉页题词。

机缘的瞬间（见第一章）。

与主同时的门徒很容易获得详尽的历史资料。但我们不要忘记，有关上帝诞生的问题，与主同时的门徒的处境和再传信徒的处境是完全相同的，倘使我们一定要有这方面绝对精确无误的历史知识，那就只有从一个人那里才能完全得知，这就是上帝让其生下自己的那位妇人。因此，与主同时的门徒不难成为一个历史见证人，但麻烦在于，认知一个历史事实——其实是像见证人那样可靠地去认知所有历史事实——绝不是让见证人成为一个信徒，这是可以理解的，因为这种知识对于他来说只是历史的知识。这里，在更具体意义上的历史知识，立刻显得无关紧要；我们可以让无知走进这里，那好比是让它破坏一个接一个事实，让无知从历史上去毁坏历史知识——只要瞬间依然作为永恒的起点存在，只要悖论依然存在。

假设有这么一位主的同龄人，他为了能陪伴那位教师，甚至连睡觉也可以不顾，这样，他就像鲨鱼周围的小鱼，须臾不离地陪伴着教师，假设他为此还有一百个侦探，在各处暗中监视这教师，他每夜都跟他们商谈，所以他掌握了那个教师的全部档案，甚至连教师最琐屑的细节也不放过，他知道教师白天每时每刻到过哪里，说过什么话，出于他的热诚，使他把哪怕最微不足道的细节也看作是重要的——这么一位主的同龄人也许就是信徒了吧？完全不是。倘若有人以历史知识的不可靠指控他，那么他会洗他的手，[①]但也

① 见马太福音：彼拉多见说也无济于事，反要生乱，就拿水在众人面前洗手，说："流这义人的血，罪不在我，你们承当罢。"(27:24)

仅此而已。假设另有一位主的同龄人，他只关心教师不时提出的训导，假设他对教师亲口所说的每一句训导的话看得比自己每天的食粮更珍贵，假设另外还有一百个人帮他去听清教师所说的每一个音节，确保点滴不漏，[①]假设他煞费苦心地跟他们商议，以求获得对教师训导的最可靠的看法——他也许因此就是信徒了吧？完全不是——恰恰除了柏拉图，任何人都不是苏格拉底的信徒。假设有这么一位曾在国外生活过的主的同龄人恰好在那教师临死前一两天回家，假设那位同龄人也因事务忙碌抽身不出去看望那教师，并且只是在教师奄奄一息的最后时刻才到场，要是瞬间对于他来说真具有永恒的决定意义，那么，这种历史的无知会妨碍他得以成为信徒吗？对于上面说到的第一位主的同龄人来说，那样的人生可能只是一个历史的事件；对于上面说到的第二位主的同龄人来说，那教师可能成为他认识自己的机缘，并且他将会忘记那个教师(见第一章)，因为跟一种永恒的自我认识相比较，关于教师的知识只是偶然和历史的知识——只是有助于唤起回忆的问题，只要永恒的东西和历史的东西依然相互分离，历史的东西就只是一个机缘。再则，假如那位热情的门徒，他无论如何还不足以成为一个信徒，却喋喋不休地张扬自己多么地受惠于那个教师，他没完没了地赞颂，其夸张简直无以复加——要是我们试图去向他解释，教师仅仅只是机缘，他因而就对我们大发脾气的话——那么，不论是他的赞颂，还是他的发怒都无助于我们的思考，因为他的赞颂或发

① 见马太福音：耶稣却回答说："经上记着说：人活着，不是单靠食物，乃是靠上帝口里所出的一切话。"(4:4)又见约翰福音：耶稣说："我就是生命的粮。到我这里来的，必定不饿；信我的，永远不渴。"(6:35)

怒都有同一个基础，那就是不想让自己少一点轻率，对此他甚至没有勇气去直接领悟。当他夸夸其谈和大事张扬[①]时，这个人倘使要让自己和别人相信他真有自己的思想，那不过只是欺骗自己和别人——因为他得把这些思想归于那位教师。尽管礼貌通常一钱不值，那个人的礼貌却付出了不低的代价，因为热情的表示感激——这种感激甚至很可能少不了泪水和使别人感动得流泪的能力——是一个误解，因为这个人的思想并不归于任何别人，他的那些肤浅的谈话也并不归于任何别人。哎呀！有这么多人彬彬有礼地颇想对苏格拉底表示感激，而却什么都不归于他！了解苏格拉底的人尤其要了解，他一点不受惠于苏格拉底，苏格拉底宁愿这样，而能够这样做是美好的。自以为真的非常感激苏格拉底的人可能深信，苏格拉底乐意免去他的报答，因为苏格拉底一旦知道自己给过这人一点周转资本，以致竟可以用这人报答这样的方式去剥削他，肯定会惊愕不已的。但要是整个框架不是苏格拉底的框架——并且这是我们所假定的框架——那么，信徒就得把一切都归于那位教师（人们也许不可能把一切都归于苏格拉底，因为毕竟像他自己所说的，他是没有生育能力的），并且这种关系也不可能通过夸夸其谈和大事张扬去表示，而只能以我们称之为信仰的那种快乐的激情去表示，信仰的对象就是悖论——但悖论特别把矛盾的两个方面，也就是历史的永恒化和永恒的历史化——结合在一起。用别的方式去理解悖论的人可能还保有解释过悖论的荣誉，这个荣誉是因他不甘只满足于认识悖论才赢得的。

① 指苏格拉底另一个学生阿尔基比亚德，可参考第二章。

于是(顺便说一句,对排除开认识的推论是否还需要提一下,)不难发现,那信仰不是一种知识,因为,任何知识或者是永恒——它把短暂和历史的东西都作为微不足道的东西予以排斥——的知识,或者是纯历史的知识,并且任何知识都不可能像了解其对象那样了解永恒的东西是历史的东西这样荒谬的说法。要是我领会斯宾诺莎的学说,那么,在我领会这学说的瞬间,我所关注的不是斯宾诺莎,而是他的学说,尽管在其他某个场合,我也会关注历史上的斯宾诺莎。不管怎样,信徒跟那位教师的关系也同样如此,信徒有时也会关注历史上那位教师的存在,但在他领会教师的瞬间,他所关注的则是作为永恒的教师。

现在要是我们假设这框架真如我们所假设的那样(要是不这样去假设,我们就要回到苏格拉底那里),即假设教师本人为门徒提供了条件,那么,信仰的对象就不是教师的学说而是教师本人,至于苏格拉底的想法,其实质是,正由于门徒本人就是真理而且具有条件,就可以把教师推开。实际上,苏格拉底的技艺和英雄主义就在于去帮助人们能够把教师推开。这样看来,信仰必定死死纠缠教师不放。但就教师而言,为了能够提供条件,他就应当是上帝,而为了让门徒得以占有条件,他又应当是人。这个矛盾同样也是信仰的对象,并且就是悖论、瞬间。上帝一劳永逸地将条件赋予人类,这是苏格拉底对永恒的预设,这预设并不敌意地跟时间相抵触,而是过于悬殊地跟短暂性范畴相抵触。不过,那上面所说的矛盾在于,门徒是在瞬间接受了条件,而由于这是一种认识永恒真理的条件,当然这又是永恒的条件。要是框架并非这样,那么我们就得仰仗苏格拉底的回忆。

于是，(顺便说一句，对排除开认识的后果是否还需要提一下，)不难发现，那信仰不是一种意志行为，因为任何人的意愿其实总是在条件许可的范畴内才是有效验的。譬如，要是我有勇气决心去了解苏格拉底的想法，我就将了解苏格拉底的想法——也就是认识我自己，因为从苏格拉底的观点看来，我具有了条件，于是就能去意愿它。但要是我不具有条件(而我们之所以假设这一点，是为了不退到苏格拉底的想法)，那么，我的所有决心都是根本无效的，尽管一旦提供了条件，对苏格拉底想法有效的东西会再次有效。

与主同时的门徒具有一个优势，哎呀，这个优势还真使在他之后的仅仅为了做点事情的门徒好生羡慕哩。这与主同时的门徒有可能看到那个教师——而那样的话，他就敢于相信他的眼睛吗?是的，为什么不敢呢? 不过，他由此就敢去相信自己是一个信徒吗? 根本不敢，因为要是他相信自己眼睛的话，他其实是受骗了，因为上帝是不可能直接被认知的。那么他可以闭上自己的眼睛吗? 完全可以。但要是他闭上眼睛的话，那么，这与主同时的门徒又有什么优势可谈呢? 而且，要是他真闭上自己的眼睛，那么他大概会去想象上帝。但要是他能独自去想象上帝的话，那么他实际上就具有了条件。他所想象的上帝将是内在的心灵之眼所显现的一种形式；假使他注视那种形式，那么当他张开眼睛时，奴仆的形式实际上就会来打扰他。让我们继续说下去。我们知道，那位教师死了。他现在当然也死了——那个跟他同时的人能做点什么呢? 他会给他速写一幅肖像画——他甚或会给他画出整整一组图画，细微地描摹出由于年龄和心态的变化而引起那教师外貌上的

每一变化——要是他注视这些图画，并自信这正是那教师的相貌，他因此就敢于相信自己的眼睛了吗？不错，为什么不敢呢？但他因此就是一个信徒了吗？根本不是。然而，他实际上还可以去想象上帝。可是，上帝是不可能被想象的，而这也正是他要以奴仆的样子出现的原因所在。而以奴仆的样子出现根本不是行骗，倘若它是行骗的话，那么，瞬间就不会是瞬间，而只是一个偶然性，一个伪装，这跟永恒的东西相比较，就像一个机遇霎时就消失得无影无踪。而要是门徒能独自去想象上帝的话，那么他本人就可能具有条件，而且只需要提醒他去想象上帝，即使他并未觉察到上帝，也同样能去想象上帝。而倘使正是这样的话，那么这提醒就像他灵魂中的一个原子很快消逝在永恒的可能性中，现在这可能性同时又成了现实性，永远地预设自身为现实性。

那么，门徒又是怎样成为一个追随者或信徒的呢？这要在认识被排除而门徒又接受条件的时候。门徒又是在什么时候接受这条件的呢？在瞬间。门徒要接受的这个条件又是什么呢？是他对永恒的了解。但像这样的一个条件无疑应当是一个永恒的条件——因此，他在瞬间接受了永恒的条件，并且，他是从瞬间接受这条件起才知道这永恒的条件，否则的话，就只好去回忆他从冥冥之中获得到了条件。他在瞬间接受了条件，并且是从那教师本人接受了条件。一切夸夸其谈、大吹大擂都是足够狡猾的，说什么即使他不从教师那里接受条件，也会去发觉上帝的真正身份——说什么每次当他注视那位教师时，在那教师的说话声、面部表情等等方面总会有一些东西使他感到异样，这样他就能亲自去发觉上帝的真正身份——这一切其实都是胡说，任何人都不会因此而成为信徒，充其量只能嘲弄上帝。任何自称有资格使上帝变得直接可知的说法无疑就像一块标明里程的路标碑，但这路标所指的是倒退而不是前进，是远离悖论而行，而不是朝向悖论而行，是背离苏格拉底和苏格拉底所称的一无所知。请特别注意这一点，免得一位旅客碰巧发生的事会在精神世界里展现：那位旅客问一个英国人，这条路是否通向伦敦，英国人回答说：是的，这条路通向伦敦——但那旅客永远到不了伦敦，因为这位英国人没有告诉他，他必须转过身去，原来他正朝着远离伦敦的方向走去。

那种样子绝不是上帝的真正身份，并且当上帝因他那全能者决意的爱决心要成为一模一样的最低卑的人时，就不要让小客店老板或哲学教授去想象自己是这样的聪明，即使上帝自己不提供条件，他们也能发觉上帝的一点真相。而且一旦当显得像奴仆样子的上帝伸出他那全能的手时，大为惊异地盯着他看的人是不会去想象，他是一个信徒的；因为他也能使人惊异，他同样也能让别人对他的故事感到惊异而簇拥在他周围。要是上帝自己不提供条件的话，那么门徒也会从一开始就知道关于上帝的情况，虽然他大概不知道自己知道上帝的情况，而且可供选择的不是苏格拉底的情况，而是地位极低的人的一些情况。

但对信徒来说，上帝的外形而非上帝的详细情况并不是无关紧要的。这是信徒亲眼看得到和亲手触摸得到的，[①]不过，上帝的外形也没有重要到能使信徒放弃信仰的程度——要是碰巧有天在

① 见约翰壹书：论到从起初原有的生命之道，就是我们所听见、所看见、亲眼看过、亲手摸过的。(1:1)

街上看到这教师而没有立即认出他的话，甚或走在这教师身边好长时间也没有意识到那人正是他的话。[①] 但上帝提供条件让信徒看到上帝的外形，并为信徒开启信仰之眼。但看到这上帝的外形则是骇人听闻的事：要去把上帝作为我们中的一员联想起来，并且要是没有信仰的话，那么时时刻刻看到的就只是奴仆的样子。要是教师死了，撒手离开了信徒，他的外形大概会留在信徒的记忆中，但信徒并不因为那上帝的外形而去信仰，而是因为他接受了教师给予的条件才去信仰的；所以，信徒是在回忆那可信仰的心像中再次看到上帝的。信徒也同样知道，要是没有条件，他也许什么都看不到，因为他要知道的第一件事，就是他本人是没有真理的。

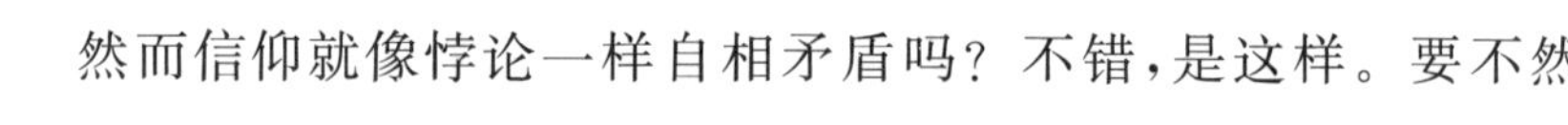

然而信仰就像悖论一样自相矛盾吗？不错，是这样。要不然

① 见路加福音：正当那日，门徒中有两个人往一个村子去；这村子名叫以马忤斯，离耶路撒冷约有二十五里。他们彼此谈论所遇见的这一切事。正谈论相问的时候，耶稣亲自就近他们，和他们同行；只是他们的眼睛迷糊了，不认识他。耶稣对他们说："你们走路彼此谈论的是什么事呢？"他们就站住，脸上带着愁容。二人中有一个名叫革流巴的回答说："你在耶路撒冷做客，还不知道这几天在那里所出的事吗？"耶稣说："什么事呢？"他们说："就是拿撒勒人耶稣的事。他是个先知，在上帝和众百姓面前，说话行事都有大能。祭司长和我们的官府竟把他解去，定了死罪，钉在十字架上。但我们素来所盼望，要赎以色列民的就是他！不但如此，而且这事成就，现在已经三天了。再者，我们中间有几个妇女使我们惊奇；她们清早到了坟墓那里，不见他的身体，就回来告诉我们，说看见了天使显现，说他活了。又有我们的几个人往坟墓那里去，所遇见的正如妇女们所说的，只是没有看见他。"耶稣对他们说："无知的人哪，先知所说的一切话，你们的心信得太迟钝了。基督这样受害，又进入他的荣耀，岂不是应当的吗？"于是从摩西和众先知起，凡经上所指着自己的话都给他们讲解明白了。将近他们所去的村子，耶稣好像还要往前行，他们却强留他，说："时候晚了，日头已经平西了，请你同我们住下罢！"耶稣就进去，要同他们住下。到了坐席的时候，耶稣拿起饼来，祝谢了，擘开，递给他们。他们的眼睛明亮了，这才认出他来。忽然耶稣不见了。他们彼此说："在路上，他和我们说话，给我们讲解圣经的时候，我们的心岂不是火热的吗？"(24:13-32)

信仰怎么会以悖论作为自己信仰的对象？又怎么会在跟悖论相关时才快乐呢？信仰本身是一个奇迹，并且，凡适用于悖论的一切也都适用于信仰。但在信仰这一奇迹中，一切又都是按苏格拉底的框架去构想的，而要是这样的话，奇迹是永远不会消失的——这是永恒的条件被提供在有限的时间中的奇迹。一切都按苏格拉底的框架去构想，因为在被规定为信仰者的那些主的同龄人之间的关系，总的说来是苏格拉底式的关系：一方完全不受惠于另一方，而双方的一切却又都受惠于上帝。

有人也许要说，“照你这么说，主的同龄人就没有因这种同龄而带来的任何优势了，而要是我们假定你曾假定过上帝让自己露面，那似乎自然得把亲眼目睹上帝和亲耳聆听上帝的那一代人看作是有福的”——“不错，这确实很自然，我想，这非常自然，以致上帝的同龄人无疑也都把这种同龄本身看做是有福的。[1] 让我们假定这是有福的，要不然它当然就不是有福的，并且我们的称颂仅仅表明，在同一处境里的某个人也许是因非同寻常的演技才变得有福的。而要是那样的话，我们倘使更细心地留意这一点，我们的称颂可就要作相当的改变；实际上，最终会变得全然是可疑的。让我们假定，就像我们在古时记载中读到的那样，有这么一个皇帝，他摆了一个连续长达八天的筵席，欢庆他的婚礼。为了助兴，大量丰盛的佳肴不断端上酒桌，空气中洋溢着馨香，耳边时时回响着欢快的乐曲和歌声。筵席不分昼夜，火把将黑夜照得像白昼一样通

① 见路加福音：耶稣正说这话的时候，众人中间有一个女人大声说：“怀你胎的和乳养你的有福了！”耶稣说：“是，却还不如听上帝之道而遵守的人有福。”(11:27-28)

亮——分不清是日光照亮黑夜还是火把照亮黑夜，王后因此出挑得比人间任何一个女子更美艳端庄，这一切真有点不可思议，就像最放纵的愿望竟得到更放纵地实现那样不可思议。让我们假定这一切真的都发生过，而且我们的依据不得不以仅有的一点传说为满足。站在人的立场上说，为什么我们就不应当把主的同龄人——也就是那些看到、听到和触摸到主的同时代人——看作是幸运的？否则的话，作为主的同龄人究竟又有什么好处呢？皇帝婚礼的豪华场面和极度欢乐毕竟是能直接看到和触摸到的——因此，严格说来，假使真有一个跟这婚礼同时的人，那么这个人无疑也看到了这豪华场面，并且同样的开怀欢乐。但现在假设这是另一种豪华场面，是不能直接被看到的场面——那要是作为跟这种场面同时的人又有什么好处呢？说到底，这个人因此就不是跟这种场面同时的人。人们当然不会把这样一个同时人称为快乐的，或者去称颂这个人的眼睛和耳朵，因为他大概不是跟这场面同时的，大概根本没有看到和听到这种场面的任何东西，这不是因为他完全没有时间和机会（在直接性的意义上），而大概是缺少点别的什么东西，因此，即使他亲自到场，并有最多的机会去看去听，即使（在直接性的意义上）他利用了一切可能的机会，他也没有看到和听到任何东西。不过，这不光表明，一个不是主的同龄人有可能是跟主同时的人，因此，一个可能是主的同龄人，尽管利用了这种跟主同时的优势（在直接性的意义上），却根本不是一个同时人，除此以外，这还表明，主的同龄人不能仅仅只凭直接跟教师和那种事件同一时代，因此，真正主的同龄人不是凭借直接的同时性，而是凭借别的什么东西。这样，尽管他是跟主同一时代的，这个同时代的人照样可能不是主的同龄人;真正主的同龄人是真正不凭借直接同时性的同时代人;因此,不跟主同时的人(在直接性的意义上)应该可以通过别的什么方法——主的同龄人也要通过这方法成为真正跟主同时的人——而成为一个主的同龄人。而不跟主同时的人(在直接性的意义上)当然就是指后来出生的人;因此,后来出生的人是应该可以成为真正跟主同时的。或许这就是成为主的同龄人的真正意思,这也是我们所称颂的主的同龄人,也许有人要说:我在他面前吃过喝过;那教师也在我们的街上教训过人;[①]我多次看到过他;他是一个出身低微的极平常的人,只有极少数几个人才相信他真有什么出众的地方,我肯定看不出他有什么出众,尽管这些非凡出众的东西是从像我这样跟他同时的人开始流传开去的。或许这就是成为主的同龄人的意思,要是主跟这样的同时人有可能曾在另一个世界相遇,要是主会向他的这位同时人大声说,'我不知晓你',那么,这可能会是主应当与之说话的同时人吗?主大声说,'我不知晓你',[②]主说得完全正确,正像那同时人也不知晓这教师一样,只有信仰者(也就是跟主不直接同时的人)才可能知道教师,信仰者从教师本人那里接受了条件,从而知道这教师,就像教师也知道他一样。"[③]

"请你停一下。倘使你再这样继续讲下去,我就插不上嘴了。

① 见路加福音:"那时,你们要说:'我们在你面前吃过喝过,你也在我们的街上教训过人。'"(13:26)

② 见路加福音:"他要说:'我告诉你们,我不晓得你们是哪里来的。你们这一切作恶的人,离开我去罢!'"(13:27)

③ 见哥林多前书:我们如今仿佛对着镜子观看,模糊不清,到那时就要面对面了。我如今所知道的有限,到那时就全知道,如同主知道我一样。(13:12)

你说起话来简直就像在为一篇博士论文作答辩一样——其实，你说话就像一本书，而且像一本非常专业的书，这正是你倒霉的地方。你有意无意地一再使用那些并不属于你本人的话，而你又没有以一个说话人的口吻去陈述，这些话——除开你用的是单数（我）而不是复数（我们）外——是人人都熟知的。圣经上的一段话（因为这些话都来自圣经）是这样说的：我们在他面前吃过喝过，他也在我们的街上教训过人——我告诉你们，我不知晓你们。即使这样也便罢了。你却偏要从那教师对这个同时人的回答——'我不知晓你'——中，得出他不曾跟这教师同一时代，并且不曾知晓教师的结论，你这样的推论不是太过分了吗？假使你说到的那位皇帝也用'我不知晓你'去回答自称是跟他那豪华婚礼同时的人中的某一位时，这位皇帝难道因此就表明其他人都不跟他那豪华婚礼同时了吗？"

"那位皇帝绝不会表明这一点，他至多表明自己是个傻瓜，他不像米特拉达梯[①]那样凭名字去认识自己的每一位士兵，[②]而是想凭名字去认识所有跟他同时的人，并在这种认识的基础上去决定每个人是否是跟他同时的人。这位皇帝毕竟可以被直接认识，因

① 米特拉达梯（Mithridates，？—前63），指希腊化时期本都王国国王米特拉达梯六世，他一度在小亚细亚地区与罗马的霸权抗衡。

② 可参见古罗马作家普林尼（Pliny）的《博物志》（*Natural History*）卷七，其中写道：至于记忆，它是生活中最必需和最有用的，很难说谁在这方面最出色，同样也很难说到底有多少人因它而获得声誉。居鲁士王（Cyrus）能说出自己军队中每个士兵的名字。西庇阿（Lucius Scipio）知道所有罗马人的名字，皮洛士王（Pyrrhus）的使者基尼阿斯（Cineas）在他到达罗马第二天便记牢当地那些元老和骑士的名字。作为22个民族之王的米特拉达梯用同样22种语言去批文，并在盟会上轮流用22种语言向每个民族的代表讲话而不用一个译员。（24，88）

此那个人很可能曾识得这位皇帝，尽管皇帝并不认识他。而我们所说的那个教师不可能被直接认识，除非他本人能提供条件。接受这条件的人是从教师本人那里接受了条件，并因此，那教师一定认识每一个认识他的人，而每个人只有在他本人被教师认识时，才可能认识那教师。不是这样吗？也许你立刻就注意到，这也是我们要说的意思。要是信仰者真是信仰者，并且因他从上帝本人那里接受了条件才认识上帝，那么，恰恰在同样的意义上，后来出生的人应当从上帝本人那里接受条件，而不能从再传的人那里接受条件，要是那样的话，那么这再传者大概就只得是上帝自己了，真是那样的话，无疑就根本没有什么再传者。而要是后来出生的人真从上帝自己那里接受条件的话，那么他就是一个主的同龄人，一个真正跟主同时的人——事实上，只有信仰者是真正跟主同时的人，而每个信仰者都是真正的主的同龄人。”

“既然你说到每个信仰者都是真正的主的同龄人，我当然注意到这一点，并且，我已经预见到这样说的深远后果，虽然我对自己恰恰未想到这一点感到惊异，我也许更该去发现这一点。”

“也许我对这一点的认识更全面一些，我对这一点要比对由谁提出它更加关心。不过，我依然没有完全认识它，一旦我给你机会去注意这一点，并信赖你的帮助，你就立刻会认识这一切的。倘使你允许的话，我在这个问题上要提出一种被律师们称之为(法庭裁决前)辩论总结的东西，这是对我本人直到现在为止所提出和认识到的东西的总结。按照放逐和永久沉默的处罚条款(sub poena praeclusi et perpetui silentii)，我特此传唤你，在这辩论总结的草拟过程中，要明白你本人的权利，应该让大家了解你本人的主张。

直接与主的同时代性可能仅仅只是个机缘。(一)这种同时代性可能是主的同龄人学到历史知识的机缘。在这方面,跟皇室婚礼同时的人要比跟教师同时的人更幸运,因为跟教师同时的人仅有的一个机会只是看到奴仆的模样以及充其量有点奇异的事迹,但这个跟教师同时的人不可能断定他该去承认这些奇迹还是不该去承认这些奇迹,并为因此被当作白痴而愤愤不平,因为他当然不想敦促那位教师再去重复这些奇异的事迹——仿佛要把教师看成一个变戏法的人——从而给观众提供理解这些事迹是怎样被创造出来的机会。(二)这种同时代性可能是主的同龄人像苏格拉底那样去专注于自身的一个机缘,由于这人专注于自身,这种同时代性跟他在自己内心所发现的永恒相比较,就像虚无一样地消失。(三)最后(这终究是我们的假设,目的是免得我们回复到苏格拉底的框架),这种同时代性成了主的同龄人——作为没有真理的人——从主那里接受条件并且现在又带着信仰之眼去看待荣耀的机缘!这样一位主的同龄人实际上有福了。然而,像这样一位同时人(在直接性的意义上)并不是一个上帝的见证人,但作为一个信仰者,他因信仰之眼的亲自察见而是一个主的同龄人。任何一个不跟主同时的人(在直接性的意义上)只是因为这种亲自察见才同样可以是主的同龄人。要是后来出生的人,某个因他自己的困惑甚至不知所措的人,想要去成为主的同龄人(在直接性的意义上),他就会表明自己是一个冒名顶替者,看得出,他就像冒名的斯梅尔狄斯①那

① 冒名的斯梅尔狄斯(Smerdis)是古希腊历史家希罗多德在《历史》(*Die Geschichten*)卷三 61—69 提到的人物。

样，由于他不长耳朵——也就是说不长信仰的耳朵——虽然他尽可以有长长的驴耳，带着这驴耳，他虽然也像一个主的同龄人（在直接性的意义上）那样在倾听，但却并不因此而成为与主同时的人。要是后来出生的人滔滔不绝地谈论作为一个主的同龄人（在直接性的意义上）的荣耀，并且还想不断谈论下去，那么，我们应该听任他谈论下去，但你倘使注意他一下，你将从他的步态和所走的路发现，他不是走在通向使人害怕的悖论的途中，而是像一个舞蹈教师那样在不断地奔跳着，为的是能及时去赶上那皇室的豪华婚礼。因此，即使他为他的容克(junker)[①]起了一个圣名，即使他走遍乡村城镇，到处向别人求道，为的是让这些人加入到朝圣的行列中来，他也几乎不可能发现圣地（在直接性的意义上），因为这圣地是地图上和地球上都根本找不到的，他的行径就像送人送到外婆家的游戏[②]一样，只是一场玩笑。因此，即使他昼夜不让自己休息，奔跑得比一匹快马还快，或者比一个男子编造谎言的速度还快，他也仍然只是奔跑在一块打野鸟的猎区之内，并像捕鸟人那样，误以为要是鸟不飞到他跟前，那么用涂黏鸟胶的树枝去捕鸟是没有用的——只有在这一点上，我才想把主的同龄人（在直接性的意义上）看得比后来出生的人更幸运。如果我们假定，在上帝降到人间的那个事件和后来人所生活的时期中间隔开了若干世纪，那么在这段时间内人们关于上帝降到人世这件事多半会有大量的胡编乱造，后人这么多信口开河的胡编乱造使主的同龄人（在直接性

① 容克，原指普鲁士的贵族地主，也泛指德国年轻贵族。

② 一种儿童游戏，类似捉迷藏。

的意义上）不得不去忍受虚假不实与颠倒黑白的谣言，这些胡编乱造使本来已够艰难的上帝与人之间的正常关系变得越发不可能成立，更加上数世纪以来人们对这些谣言多半会产生的共鸣，就像我们一些教会的共鸣那样，不仅使这些胡编乱造困惑了人们的信仰，也使人们的信仰因它们而消失，而这些胡编乱造在最初一代人那里却不会发生，在最初一代人那里，信仰必定以其纯然本真的面目出现，这就不难使它跟任何非信仰的东西区别开来。”

插　曲

过去要比将来更必然吗？或者尚未成为现实的可能性要比现实更必然吗？

亲爱的读者，那么，就让我们假定这位教师已经露面，假定他死了并被埋葬，而且假定在本书第四章到第五章之间已经隔开了一段时间。一部喜剧的两幕之间也可能会有若干年的间隔。这一时间推移会使人联想起，有时在剧场中，每次会演奏一首交响曲或诸如这一类的曲子，以便填补和缩短这段幕间的间歇。借用这个方法，我也想通过对上面所提问题的仔细思索去填补这段隔开的时间。这段时间该有多长才适合于你，出于亦庄亦谐的考虑，要是你喜欢的话，我们将假定这段时间恰恰推移了 1843 年。[①] 那样你将发现，由于错觉的缘故，我就会拥有充裕的时间，因为 1843 年实在是一个难得见到的时间跨度，由此，我的处境立刻就跟那些哲学家和历史学家所发觉的自身处境正好相反，时间通常只容许给哲学家一点点暗示，而对于历史学家，正是时间而不是题材，使他们大为困惑。因此，要是你发觉我相当啰唆，老是重复说“几乎完全

① 《哲学片段》写于 1843 年，所以有此说。

一样的东西”，[①]那么请注意，你不妨考虑那是出于你错觉的缘故，这样，你大概就不会在意我的啰唆，并且会用一种完全不同和更令人满意的方式去说明它，你会猜测到，我让自己去思考的这个问题是绝对需要细细考虑的，至于你亦然如此，因为我怀疑你在这一点上并不完全了解自己，虽然我丝毫也不怀疑你已经完全了解和接受了最新近的哲学，这最新近的哲学就像这最新近的时代一样，似乎都染上了一种古怪的粗疏浮躁之疾，以致把节目的演出和节目的广告混淆了起来，因为在节目广告中，谁都像最新近的哲学和最新近的时代那样，是异乎寻常的，或者异乎寻常地伟大的。

一、趋向实存[②]

得以实存(blive til)[③]是怎样变化而来的，或者趋向实存(tilblivelse)的变化(κὶνησις)是什么？所有其他的变化(ἀλλοὶωσις)

---

① 参见柏拉图《高尔吉亚篇》中卡利克勒与苏格拉底的对话(490e—491b)：

卡利克勒：苏格拉底，你怎么老是重复说几乎完全一样的东西！

苏格拉底：卡利克勒，我岂止那样，我是重复同样的问题……你看，我好心的卡利克勒，你并没有挑剔我，就像我也没有挑剔你一样。因为你声称，我老是重复说同样的东西，并因此而指责我，而我对你的说法则相反，你对于同一问题的说法从来没有相同过。

②③ 趋向实存和得以实存是克尔凯郭尔在本书讨论变化问题的两个主要概念。他对“趋向实存”有明确的解说：“趋向实存的变化是从可能性到现实性的转变。”至于“得以实存”，顾名思义，就是现实得以实现。克尔凯郭尔的这一区分，颇受亚里士多德的影响。亚氏对变化的讨论，也区分了“实现”(ενεργεια，埃奴季亚)和“完全实现”(εντελεχεια，隐德来希)。前者是过程，后者是现实；前者是达到现实事物的动变，后者是动变的现实效果。“实存”(existence)和“存在”是西方本体论哲学的常见概念，它们既有联系又有区别。克尔凯郭尔这里所用的 existence，大体上指时间空间中的存在，所以为便于理解起见，译为“实存”。

都预设了变化由以发生的那种东西的实存，虽然变化也因实存（at vœre til）而不再是变化。而对趋向实存来说则并非如此，因为要是那得以实存的东西本身不能在趋向实存的变化中保持不变的话，那么，趋向实存就不是我们所说的这一种趋向实存，而是另一种趋向实存，而这问题会导致由这个种到另一个种的转变（μετάβασις εὶς ἀλλὸ γευος），[①]因为在这样的情况下，提问者或者着眼于跟趋向实存不同的另一种变化，这样就把他所提的问题混淆了，或者他误提了那种得以实存的变化，这样他根本就是问非所问。要是一项计划，在趋向实存中就作了实质性的改变，那么得以实存的就不是这项计划；但要是这项计划在得以实存之前，未作过改变，那么，趋向实存的变化又是什么呢？显然，这种变化不是在本质（vœsen）方面的变化，而是在存在（vœren）方面的变化，并且是由无到有的变化。但这种因得以实存而被否弃的“无”应当也是存在的，否则的话，“那得以实存的东西就不可能在趋向实存中保持不变”，要是“无”根本就不存在，那么趋向实存的变化又凭借什么去变化和由于其他什么原因才有可能绝对不同于任何别的变化，那样的话，它就根本不会有什么变化，因为任何变化总要预设一点东西。而这样一种仅仅只是“无”的存在就是可能性，而“有”——它被说成是存在的——其实是指现实的存在或现实性，并且，趋向实存的变化就是从可能性到现实性的转变。

① 见亚里士多德的《后分析篇》（*Posterior Analytics*）：由此推论，我们不可能在论证中由一个种转变到另一个种。比如，我们不可能由计算去论证几何学的真理。（75a）

凡必然就可以得以实存吗？趋向实存是一种变化，但因为必然总是跟自身相关，并且是以同一方式跟自身相关，所以，它完全不可能被改变。一切趋向实存都是一场灾变(liden)，而必然不可能遭受灾变，不可能遭受现实的灾变——也就是说，在可能(不仅包括被排斥的可能，甚至还包括被接受的可能)最终变为不存在的时刻，可能就成为现实，因为可能性被现实性所吞噬。正因为得以实存所表明的一切东西都要经由趋向实存，所以这一切都并非出于必然，唯一不可能得以实存的东西就是必然，因为必然只是存在。

那么，必然性难道不是可能性和现实性的统一吗——这是什么意思呢？可能性和现实性不是在本质方面的不同，而是在存在方面的不同。可能性和现实性的这种不等同性怎么有可能去形成也许是必然性的统一，要知道，必然性并不是存在的先决条件，而是本质的先决条件，因为必然的本质是"成为"。倘使这样的话，可能性和现实性在生成必然性的过程中，会变成为一种绝对不同的没有任何变化的本质，并且在生成必然性或必然的过程中，可能性和现实性会变成为唯一排除趋向实存的东西，那恰恰是自相矛盾的，因此是不可能的。(亚里士多德的命题："这是可能[成为]的"，"这是可能不[成为]的"，"这是不可能[成为]的。"[①]——[伊壁鸠

① 见亚里士多德的《解释篇》(*On Interpretation*)：于是，与"这可能不成为"相矛盾的，不是"这不可能成为"，而是"这不可能不成为"，而与"这可能成为"相矛盾的不是"这可能不成为"，而是"这不可能成为"。因此"这可能成为"和"这可能不成为"的命题看来每一个都意指另一个；因为，由于这两个命题并不是矛盾的，同一东西既可能成为又可能不成为。但"这可能成为"和"这不可能成为"的命题对同一主题绝不可能同时是真的，因为它们是矛盾的。"这可能不成为"和"这不可能不成为"的命题也不可能对同一主题同时是真的。(21b—23a)

鲁[①]]真命题和假命题的学说混淆了这里的问题，因为它只考虑本质，而不考虑存在，因而要是按照那个途径去规定将来的话，结果将一无所获。）

必然性独自保持不变。凡得以实存的东西都不作为必然性，必然性仅仅只是得以实存，或者仅仅只是处在趋向实存的东西才变成为必然。凡存在的东西(er til)都并非因为它是必然的，而必然之所以是存在的，皆因为它是必然的或因为必然只是存在。“现实”并不比“可能”更必然，因为“必然”绝对不同于“现实”和“可能”。（亚里士多德的两种可能的理论是跟必然有关的。他的误解是由“一切必然的东西都是可能的”这一论点滥觞的。要避免在有关必然方面的矛盾——其实是自相矛盾的——说法，亚里士多德不是去发现自己这最初论点的不正确——因为事实上“可能”不应该被断言是“必然”的属性——反而提出两种“可能”去勉强应付。）

趋向实存的变化是现实性；这转变是自由发生的。任何趋向实存都不是必然——它也并非在得以实存之前，要是那样的话就不可能得以实存，而且也并非在得以实存之后，要是那样的话，就没有得以实存。

所有趋向实存都自由发生，而不作为必然性。任何趋向实存的东西都不作为得以实存的依据，而是一切都被作为原因。任何原因最终归结于一个自由起作用的原因。介入变化之中的原因由于趋向实存显得像是必然的而使人误解；这些原因的实际情况是，

① 伊壁鸠鲁(Epicurus，前341—前270)，古希腊哲学家，他的哲学包括物理学(关于存在的学说)、准则说(关于认识及其标准的学说)、伦理学(关于幸福的学说)。

当这些原因本身得以实存时，却反过来明确地表示为一种自由起作用的原因。趋向实存一旦被明确思考的话，即使是来自自然规律的推论，也不能作为任何趋向实存的必然性依据。对于自由的表现形式亦然如此，人们一旦不让自己受自由的表现形式所骗时，就会思考它的趋向实存。

二、历史的

任何已经得以实存的东西当然就是历史的，即使没有任何进一步的历史属性可以用来表述这种东西，仍然能断言这是历史的决定属性——那就是，它已经得以实存。有的东西，其趋向实存是共时性发生的趋向实存（Nebeneinander[并列一起]，空间），除了这种趋向实存外，没有任何别的历史，但就自然界而言，即使大体上（en masse）去理解的话，也确实有一种历史，权且不论在特殊意义上被称之为自然史的一个更精致的观点。[①]

但历史又是过去的（因为跟将来衔接的现在还没有成为历史）；这样，要是权且不考虑那所谓自然史的更精致观点的话，我们又怎么能把直接现存的自然界说成是历史的呢？这个疑难之所以会产生，皆因为就时间而论，要辩证地——在该词的更严格意义上——理解自然界的话，是过于抽象的。自然界的欠缺在于它并不具有另一种意义的历史，而自然界的完善在于它对另一种意义

① 大概指德国浪漫派的自然哲学，比如斯特芬斯（Henrich Steffens，1773—1845，挪威哲学家）和谢林的自然哲学，他们都把自然看做一种连续等级的体系。

的历史终究有一种暗示(也就是说,暗示它过去已经得以实存,暗示它现在是存在的)。不过,只有至善的永恒才没有任何历史,并且在所有完善的东西中,只有永恒才绝对没有任何历史。

趋向实存本身还可能有一种重叠,说得更具体点,就是在趋向实存之中还包含有一种趋向实存的可能性。在更严格的意义上,这就是历史的,就时间而论,这又是辩证的。这里,与自然分有趋向实存的那种趋向实存是一种可能性,对自然界来说,这种可能性又是它的全部现实性。但历史所特有的这种趋向实存依然是在趋向实存的范围之内——这种趋向实存不论什么时候都必定能被可靠地把握。历史所更特有的趋向实存被作为一种更自由地起作用的原因而得以实存,这一更自由地起作用的原因同样也明确表示为一种绝对自由地起作用的原因。

三、过去的

凡发生过的事情发生了,并且不可能再恢复到原样;因此也不可能再被改变(斯多葛派的克律西波——麦加拉派的狄奥多罗[①])。[②] 这种不可改变性是必然性的不可改变性吗? 过去的不可

① 狄奥多罗(Diodorus,? —约前307),古希腊哲学家和逻辑学家,深入讨论了模态概念,认为"可能的"就是现在真实的或将来是真实的;"不可能的"就是现在假的且将来永不真实的;"必然的"就是现在真实的且将来也不会是虚假的;"非必然的"或是虚假的或将来是虚假的。

② 克律西波跟狄奥多罗关于将来的可能性与过去的必然性的问题有一场争论。克律西波断然反对狄奥多罗的主张,即一切过去的东西,由于不可能再被改变,因而是必然的。

改变性是由一种变化——趋向实存的变化——引起的，而这样一种不可改变性并不完全排斥变化，因为它并不排斥这一趋向实存的变化，因为一切变化（就时间而论是辩证的）只有当它每时每刻都受到排斥时，才称得上被排斥。只有当人们忘记了过去已得以实存时，才可能把过去看做必然，但那样一种健忘性也应当被看做是必然的吗？

凡发生过的事情都按其发生的方式去发生；因此它是不可改变的。但这种不可改变是必然性的不可改变性吗？过去的不可改变性在于，它的“如此这般”的既成事实是不可能变成另一种样子的，但因此就可以说，过去所可能有的“状况”也不可能是另一种样子的吗？而必然的不可改变性——即必然始终跟自身相关，并始终以同样的方式跟自身相关并排斥所有变化——跟过去的不可改变性是不相合的，我们知道，过去的不可改变性，不仅对于产生这一过去的早先变化来说是辩证的，甚而对于取消这一过去的更高层次的变化（比如，想要取消某一现实的发生懊悔的变化）来说也应该是辩证的。

到目前为止，将来还没有出现，但它并不因此而比过去更少一点必然，因为过去虽然曾出现过，但它并不因此就成为必然，相反，正因为过去曾出现过，所以，它才表明自己不是必然。要是过去已经成为必然，那么，对于将来来说也不能得出相反的结论，而只能说，将来也有可能成为必然。要是必然性单单只发生在将来或过去的任何一个方面，那么，我们就不能再谈论什么过去和将来。要想预言将来（预示）和要想了解过去的必然性是完全一样的，并且对每一代人来说，只有流行款式才会使其中的一方显得比另一方

似乎更有道理。过去实际上已经得以实存;趋向实存在自由中才是生成现实的变化。要是过去已经成为必然,那么,它就不再属于自由——换句话说,它就不再属于它由此而得以实存的东西。那样的话,自由的处境就会变得很糟糕,就会是既可笑又可悲的,它就会负起不应该由它来负的责任,就会提出必然性多半已吞噬了的东西,并且,自由本身可能成为一种假象,而趋向实存同样也是一种假象;自由会变成巫术,而趋向实存则会变成一种假警报。预示将来的一代人蔑视过去,拒绝倾听来自书面记载的证据;忙于认识过去必然性的一代人则不想去探知将来。这两种做法是不谋而合的,因为每一方都有机会通过对方领悟到自己的做法是多么的愚蠢。黑格尔所发明的绝对方法,在逻辑上就很成问题——它实际上是用众多符号和怪异的举动去为科学迷信服务的一种有才气的同义反复。在历史学中,这是一种不变的概念,由于在历史学中,这一绝对方法开始变成具体的——因为历史毕竟是理念的具体化——所以,黑格尔在那里肯定有机会去炫示一种罕见的学问和一种使素材成形的才能,在这方面,他所经手的素材是足够混乱的。但这种绝对方法也把学生的头脑弄得几乎发狂,因此学生——也许恰恰因为学生对中国和波斯(Persia)、中世纪思想家、古希腊哲学家、世界史上四种君主政体(就像总是少不了威斯特伐勒[1]一样,这一发现也煽起了许多后起的黑格尔派的威斯特伐勒们的如簧之舌)的仰慕和赞美——忘了去审察在一开始就不断期

---

[1] 威斯特伐勒(Gert Westphales)是霍尔堡笔下的人物。后起的黑格尔派的格尔特·威斯特伐勒们可能指丹麦作家和文艺批评家海堡和法官韦斯(Carlmettus Weiss)。

待的东西现在是否已在结论之中出现，即在迷茫痴醉的行程结束时出现，那东西说到底就是原本就有的问题，天大的赞美也代替不了方法的正确性，这也是有可能对我们白白期待一阵的唯一补偿。为什么绝对方法立刻就变成具体的？为什么一开始富有想象力的构想就体现在具体事物之中？或者，这问题为什么不能在冷静简单——而完全没有巫术和发狂——的抽象过程中去回答？观念变为具体是什么意思？这中间的趋向实存是什么？这趋向实存又怎么跟那已经得以实存的东西相关联？以及其他种种问题。同样，在着手写三卷本书去论证决定性范畴的演变这一令人吃惊的迷信做法之前，在逻辑学那里已经阐明了这种演变所表示的意思，这使人们举棋不定，他们也许更乐意归功于那了不起的智慧，并为此而感谢黑格尔，但却又依然忘不了黑格尔本人谅必也会看作原本就是问题的东西。

四、对过去的理解

由空间所确定的自然界只是一种直接的存在。就时间而论是辩证的东西具有一种内在的两重性(Dobbelthed)，所以一经“现在”之后，就得屈尊为“过去”。历史的特色就是生生无穷的过去(过去总是消逝了的；至于它是几年前消逝的还是几天前消逝的则没有什么区别)，而作为消逝了的东西，它又具有现实性，因为它确实无疑是出现过的。但它出现过本身同样又是它的正确定性，那种不确定性老是妨碍对过去的理解，仿佛过去似乎就来自永恒。过去只有以这种确定和不确定的矛盾去认识，这种矛盾是已经得以实存从而成为过去的东西的特有标志(discrimen)。倘以任何别的方式去认识的话,就歪曲了理解本身(即它是一种理解)及其对象(即能成为理解对象的“那种东西”),以为构想[①]过去就是彻底认识过去,这种对过去的理解只会彻底地歪曲过去。(乍看起来,显现理论[②]而不是构想理论的吸引力是不可靠的,但紧接着就重新有第二次构想和必然的显现。)过去不是必然的,因为它曾得以实存;过去并不因趋向实存而成为必然(这是一个矛盾),并且通过对过去的理解,过去反而变得更不是必然的(时间的间隔会引起一种心理的错觉,就像空间的间隔会引起一种感官的错觉一样。同一时代的人看不到那得以实存的东西的必然性,但要是在趋向实存和观察者之间隔开了若干世纪,那么他就看到了必然性,就像人在远处会把方的看成圆的一样。)要是通过理解,过去有可能成为必然的,那么,过去所得到的,其实是理解失误的东西,理解会把过去领悟成别的什么东西,那样的话,它就成了一种拙劣的理解。要是在理解中所领悟的东西变了样,那么,这种理解就成了一种曲解。属于现在的知识并不给予现在以必然性;对于将来的预知也不给予将来以必然性(波伊提乌,Boethius)同样,属于过去的知识也不给予过去以必然性——因为像所有的认识一样,所有的理解也是没有什么东西可以去给予的。

一个历史哲学家,作为要去领悟过去的人,他因此是一个倒过来(Doub)预卜过去的先知。说他是一个先知,只是要表明,确

① “构想”(to construct,来自拉丁文 Construere)指在想象中对某一思想或某一理论提出一种表象。

② “显现”(manifestations)理论把世界称为上帝的一种表现形式。

定了的过去，其基础是不确定的，这个意思就跟将来是确定的一样，可能性（莱布尼茨所谓的可能世界）是不可能从必然中涌现出来的，因为必然性的先在是必然的（Nam necessarium se ipso prius sit，necesse est）。历史学家重新又置身于过去之外，被热情所激发的是对趋向实存的热烈情感，换句话说，就是惊异。[①] 要是哲学家对凡不存在的东西才表示惊异（并且，除非是出于一种新的矛盾，一个哲学家怎么会想到要对一种必然的构想表示惊异呢），那么，他的惊异就跟历史的东西毫不相干，因为凡是涉及趋向实存的（其实就是涉及过去的），其中只有最确定的趋向实存的不确定性（这是趋向实存的不确定性）才会显示在值得哲学家（柏拉图—亚里士多德）惊异并且必然会惊异的这一热情之中。即使已经得以实存的东西是最确定的，即使惊异声称，要是这一切没有发生，也必须去杜撰它（巴德尔[②]），以便事先就去认可它，即使那样的话，惊异的热情愚弄自己并错误地把必然性归之于已经得以实存的东西，那么，这种惊异的热情也是自相矛盾的——正是"方法"这个词，[③]同样还有"方法"这概念，足以表明，进步在这里所包含的是目的论的意思，但在任何这一类进步中，每一瞬间都有一个停顿（惊异在这里处于停顿中并等候趋向实存），那是趋向实存的停顿，而可能性的停顿恰恰因为目的是外

① 丹麦文 Beundring 字面意思是"赞叹"，不过在这里，由于跟柏拉图与亚里士多德相关，应释成"惊异"，如柏拉图在《泰阿泰德篇》中所说：惊异之感原是哲学家的标志，此外，哲学别无开端。（155d）

② 巴德尔（1765—1841），慕尼黑天主教徒，神秘主义神学家。他往往用隐晦的格言和符号阐述神秘主义哲学。

③ "方法"一词源于希腊文 μὲθοδos，有"追寻"、"模仿"的意思。

在的。如果只有一种方式是可能的，那么目的不是外在的，它就是在进步本身之中——其实是在进步的背后，就像进步所固有的那样。

对过去的理解已如上述。不过，它假定有属于过去的知识——这种知识是怎样获得的呢？因为历史的东西内在地具有趋向实存的幻象(svigagiighed)，它不可能一下子被直接感觉到。对历史的印象并不是对一种自然现象或者对一个事件的直接印象，因为趋向实存(thc coming into existence)不可能被直接感觉到——只有眼前的东西才可能被直接感觉到。但历史的存在本身就具有趋向实存——否则的话，它就不是历史的存在。

直接的感知和直接的认识是不可能骗人的，[①]这仅仅表明，历史的东西不可能成为感知或直接认识的对象，因为历史的东西本身具有那种幻象，那是趋向实存的幻象。跟这种直接性有关，趋向实存是一种幻象，由此，最确凿的东西也会变得模糊不清。譬如，当观察者看到一颗星时，在他力求意识到这颗星已得以实存的瞬间，这颗星对他来说就变得模糊不清了。这就像反思把这颗星从他的感官中取消一样。所以，作为历史感官的形成显然也应当与此相类似，在它自身之中也应当有对应的它所确信的东西，它必然不断用这种确信的东西去取消跟趋向实存的不确定性相对应的不确信的东西——这是一种双重的不确定性：非存在的虚无和被取消的可能性，被取消的可能性也就是取消任何别的可能性。这恰

① 经验以其直接性而先于是什么和真假的判断。

恰是信仰(Tro)的本质,因此,信仰所相信的是它所未见到的东西;[①]它不相信这颗星存在,因为这颗星是它所看到的,但它相信这颗星已得以实存。这也同样适用于事件。事件的发生能被直接认识,这并非指曾经发生过的事件,甚至也不是指处在发生过程中的事件,因为即使是正在发生的事件,也要像人们所说的,须是恰好发生在眼面前的事件。事件的发生所具有的幻象在于它已经发生过,而其中有出自虚无的、出自非存在的和出自多种可能"方式"的转变。直接的感知和认识没有一点信仰看待其对象所带有的无把握的暗示,但它们都没有那种摆脱了不确信的确信。

直接的感知和认识不可能骗人。了解这一点对于了解怀疑并由此去确定信仰的地位都是重要的。尽管看来是多么的不可思议,这种思想还是构成了古代希腊怀疑论的基础。要了解这种怀疑论或者了解这种怀疑论是怎样看待信仰的,虽然并不那么困难,但绝对不要让这种怀疑论被黑格尔主义的怀疑一切所混淆,[②]对于黑格尔主义的怀疑一切实在没有必要予以驳斥,因为黑格尔主义者本身对于是否真有他们所曾怀疑的东西似乎也持一种相当谨慎的怀疑。古希腊怀疑论是一种恬静无为的怀疑论[(ἐποχὴ判断的悬搁)];他们不是靠知识的力量去怀疑,而是靠意志的力量去怀

---

① 见希伯来书:信就是所望之事的实底,是未见之事的确据。(11:1)

② 比如,黑格尔在《哲学史讲演录》中说:一般地说,哲学应当以一个谜开始,为的是去带来反思;一切都应被怀疑,所有的预先假定都要放弃,去达到通过概念创造的真理。(卷二,第69页)

疑[拒不表示赞同——μετριοπσθεὶυ(有节制的情感)]。[①] 这指的是,怀疑的终止,只可能通过一种意志行为,使自己处于自由的状态去达到,这是任何一位古希腊怀疑论者都了解的,由于他了解自己,所以他之所以不去终止他的怀疑论,恰恰因为他决意要去怀疑。我们应当听任他去怀疑,但不要把"为了必然才去怀疑"这种愚蠢的看法以及"追求到必然,怀疑就可终止"这种甚至更愚蠢的看法都强加在他身上。古希腊怀疑论者并不否认感觉和直接认识的正确性,但他们又声称,错误有一个全然不同的基础——它出自我所下的结论。只要我避免去下结论,我就将永远不会受骗。举例来说,我在远处看一个物体,感觉告诉我这是圆的,而拿到手里一看却是方的;或者,我看到的一根棍子是笔直的,而放到水里去看却是弯曲的。其实,在以上两个例子中,感觉并没有欺骗我,只是当我要对有关那物体和棍子的感觉下结论时,我才会受骗。这就是怀疑论者不断要去悬搁判断(in suspenso)的原因,这是他决意要去悬搁的。至于把古希腊怀疑论称作探索性的哲学、犹疑不决的哲学、怀疑的哲学(filosofia ehthtich,aporhqikh,skekptikh),这些称法其实都没有点明古希腊怀疑论的特色,实际上,古希腊怀疑论所主要考虑的,是不断把认识只用来护养气质,所以,它甚至不会明确地作出否定认识的断言,免得落进下一个结论的陷阱。对于怀疑论者来说,气质是头等重要的问题。怀疑论者声称,他们

① 恩披里柯在《皮浪学说纲要》中写道:因此我们说,尽管关于意见的问题,怀疑论者的目的(End)是宁静,对于不可避免的东西,他们持"有节制的情感"(μετριοπαθεια)。但一些著名的怀疑论者还加上进一步的定义:"在研究中的判断的悬搁"(εποχη)。(卷一,第30节)

的最终目的是要悬搁心思，悬搁心思会带来恬静，它们就像形影一般不可分离。[(τὲλος δὲ οἱ σκεπτικοὶ φασι τη̄υ ἐποχὴυ, ἡ̄σκιᾶs τρόπου ἐπακολουθεὶ ἡ ἀταραξὶα)第欧根尼·拉尔修，卷九，第107节]。柏拉图和亚里士多德都强调，直接的感知和认识不可能骗人，后来的笛卡儿就像古希腊怀疑论者那样主张，错误来自意志，来自意志过于仓促地去下结论。这也是对于信仰的看法，当信仰决意去信仰时，它就顾不得冒信仰错的风险，依然决意去信仰。人们永远不会以任何其他方式去信仰；要是他不想冒风险的话，那么他肯定还需要去知道，一个人在进入水中之前，是否就可能学会游泳。

通过对比，我们不难看出，信仰不是一种知识而是一种自由行为，一种意志的表达。信仰相信趋向实存，并且实质上取消了跟那并非不存在的“无”相对应的不确信的东西。信仰相信那种“如此这般”的东西已经得以实存，并且实质上取消了那得以实存的东西所可能的“发生方式”，而且也不否认另一种“如此这般”的可能性，对于信仰来说，那种已经得以实存的“如此这般”的东西同样也是最确定的东西。

由于那种“如此这般”的东西因信仰而成为历史的东西，并且就像历史的东西成为信仰的对象一样(一一对应的)，是直接存在和直接被理解的，因此并不骗人。于是，主的同龄人用得着他的眼睛等感官，但他必须注意结论。他不可能一下子立即知道这已经得以实存，而且也不可能必然知道它已经得以实存，因为趋向实存的最初标志显然是连续的中断。在那中断的瞬间，信仰相信它已经得以实存，相信它已经发生，它使已经发生的东西和已经在趋向实存中得以实存及其在趋向实存所可能会有的“如此这般”的东西变得模糊不清。信仰的结论是根本没有什么结论(slutning)，只有一个决心(Beslutning)，并因此而排除了怀疑。当信仰得出结论：这东西存在，所以，它得以实存，这看来也许是由果到因的一种推论。但这样说并不完全正确，而且，即使它正确的话，也务必不要忘记，认识的推论是从因到果或更确切地说，是从理由到推断(雅可比①)。这种说法不完全正确，因为我们不可能直接感觉或认识到，我们直接感觉或认识的东西是一个结果，所能直接感知的仅仅只是这东西存在。说它是一种结果，那只是我相信这样，因为要断言它是一种结果，我一定已在趋向实存的不确定性中使它变得模糊不清。但要是信仰决意这样做，那么，怀疑就被终止；在那怀疑被终止这一净心息虑的时刻——靠的不是知识，而是意志。因此，在进行一项探索时，信仰是最有争议的[因为怀疑的犹疑不定，在作正反两方面考虑(duplicitous—disputare)中的坚强和韧劲——都在信仰中搁了浅]，并且要靠它新的特质才会是最少争议的。信仰是怀疑的对立面。信仰和怀疑并不是两种可以被规定为相互连续的知识，因为它们都不是一种认识行为，而是对立的激情。信仰是对趋向实存的一种感受，而怀疑是对想超出直接感知和认识的任何结论的一种抗议。比如，怀疑者并不否认他本人的实存，但他不下任何结论，因为他不想受骗。由于他运用辩证法不断使对立物变得同样的可能，他就不用把他的怀疑论建立在辩证法的论证之上，辩证法的论证无非只是外在性的强化，人的自圆其说；因此，

① 雅可比(Jacobi，1743—1819)，德国哲学家、神学家，主张信仰先于认识。

他根本不去作任何推断，甚至也不去作否定的推断（因为这可能意味着对知识的承认），他只是靠意志的力量去约束自己，（像悬搁判断的怀疑论哲学那样）不让自己去下任何结论。

不跟这历史同时的人有的只是跟这历史同时的人所留下的传说，而不具有感知和认识的直接性（不过，这种直接性是不能理解历史的），那些传说对于他来说，就像直接性对于跟历史同时的人一样。除非他把历史的东西亲自转化成非历史的东西，否则，他不可能既要将它变成历史的东西，而本人又不去同意它。传说的直接性，或说得更精确些，跟历史同时的人所留下的传统的直接性，是直接的现在，这种现在的历史特性在于它已经得以实存，而过去的历史特性在于它是一种曾经得以实存的现在。后来出生的人一旦确信过去（不是确信过去的真实性，因为那是一个涉及本质而不是涉及存在的认识问题，是确信过去是某个曾经得以实存的现在），那么，就会出现有趋向实存的不确定性，并且，这种趋向实存的不确定性（那是并非不存在的无——成为现实的**如此这般**的可能"方式"）对于他来说和对跟这历史同时的人来说应当都是一样的。他的心思应该被悬搁起来，就像跟这历史同时的人的心思应该被悬搁起来一样。那样的话，他就不再去面向直接性，或面向任何趋向实存的必然性，而只去面向趋向实存的"如此这般"。后来出生的人的确信，其实依据的是跟这历史同时的人的陈述，那是跟这历史同时的人依据直接的感知和认识去确信同一意义的，但跟这历史同时的人不可能靠直接的感知和认识去确信，因此后来出生的人也不可能靠传说去确信。

因此，过去的每时每刻并未变成必然，只有过去得以实存才是

必然的，或者，在确信这一点——也就是确信过去已经得以实存——的跟这历史同时的人看来才是必然的。信仰和趋向实存是互相对应的，并且涉及过去和将来被取消的存在资格，而现在只有就它被取消了存在资格而言才被看作那种已经得以实存的东西。不过，必然性属于本质，因此，它以本质的资格明确排斥趋向实存。由可能性而来的变成现实的可能总是件有那种得以实存的东西，并且归属于过去，即使这中间隔开有若干个世纪。后来出生的人一旦再三去说这已经得以实存（他是因为确信这一点才一再这样说的），他再三所说的其实是它的可能性，不论他对这种可能性是否会有更明确的概念。

附录：应用

这里要把上面所说的应用于直接就是历史的东西，其矛盾仅在于，这种历史的东西已经得以实存，而得以实存的矛盾——这里的“矛盾”一词不应当广义地被理解成黑格尔把自己和别人都误导了的那种错了位的矛盾——也就是把矛盾理解成具有产生某种东西的能力。要是没有什么东西得以实存，矛盾就仅仅只是触发惊异的冲动，是对惊异的激发（nisus），而不是对趋向实存的激发，一旦某种东西已经得以实存，矛盾重又作为对惊异的激发出现在再现趋向实存的热情中。仅只是趋向实存的矛盾，因为在这一点上，人们不应再度受这种想法的欺骗，以为已经得以实存的东西在它得以实存之后要比得以实存之前更容易理解。任何这样想的人依然不了解它已经得以实存；他只了解感知和认识现在——它不会趋向实存——的直接性。

现在言归正传，再回到我们的诗篇和我们对上帝曾存在所作的假定上来。就直接是历史的东西而言，它不可能因直接的感知或认识而成为历史的东西，这对跟这历史同时的人和后来出生的人来说都是一样适用的。但那个历史事实（它也是我们诗篇的内容）因为不是一个直接的历史事实而是一个建立在自相矛盾的基础之上的事实，所以具有独一无二的特色（那足以表明，在一个直接的跟这历史同时的人和后来出生的人之间是无所区别的，因为带着一种自相矛盾的照面和因同意它而承担风险是无所区别的，直接的同时代性根本没有任何优势可言）。这样一个事实，只是在信仰看来才是一个历史的事实。这里，信仰首先在其通常的直接意义上（也就是信念）被看作是跟历史的关系；而其次，信仰应当在完全独特的意义上去理解，以致信仰这个词只可能出现一次，换句话说，尽管信仰出现多次，但只出现在仅有的一种关系里。一个人没有上帝存在的信仰，他仍然可以从永恒方面去理解上帝存在，尽管他要假设上帝存在。那是对语言的误用。苏格拉底没有上帝存在过的信仰。他有关上帝的知识都是通过回忆获得的，在他看来，上帝的实存根本不是什么历史的东西。不管他对上帝的知识跟他对这里与我们无关的被假定为亲自从上帝那里接受了条件的人的知识相比起来是多么的欠缺，因为信仰是相关于存在的而不相关于本质的，并且，上帝存在的假设是从永恒方面而不是从历史方面去界说的。从历史方面去界说，上帝已经得以实存（在主的同龄人看来），上帝曾经得以实存，所以有一个现在（在后来出生的人看来）。但恰正在这一点上就是矛盾。在直接的意义上，根本就没有

人能成为跟这历史事实同时的人(见上面所说),但因为这个历史事实包含趋向实存,所以它是信仰的对象。这里的问题,不是这个历史事实的真实性问题,而是同意上帝曾经得以实存的问题,由此,上帝的永恒本质才被扭曲为对趋向实存的辩证认定。

这样,历史的事实就依然存在。根本就没有直接的主的同龄人,因为这是属于第一种圣灵的历史[在通常意义上的信仰(信念)];根本就没有跟第二种圣灵同时的人,因为这种历史是建立在矛盾的基础之上的(在独特意义上的信仰)。但对于时间上完全不同的人来说,后一种同等性同化了在第一种意义上不同时间的人们之间的差异。任何时代的信仰者都把这个事实作为信仰的对象,使之成为对他本人而言是历史的东西,他重复了对趋向实存的辩证论定。不管已过去多少千年,不管那个事实在其后果中会引出多少推断,它都不会因此变得更加必然(而且,这些推断本身显然只是相对必然的,因为它们所依据的都是随意起作用的原因),更不必说那样一种看法,以为由于推断的必然,那个事实就应当成为必然,这种看法是最本末倒置的,作为一种规则的推断有自身的依据,这纯属另一码事,并不能为那个事实的必然提供依据。不管那个事实酝酿多久,不管主的同龄人或我们的前辈对那个事实的到来领悟到多少暗示和征兆,当那个事实得以实存时,它就不是必然的——换句话说,那个事实不是必然的,就像过去不是必然的,将来也不是必然的一样。

第五章　再传的信徒

亲爱的读者，按照我们的假设，本次谈话与主的同龄人之间相隔有1843年，[①]看来我们有充裕的时间去考察关于再传信徒(follower at second hand)的问题，因为这再传信徒的种种问题想必还会经常发生。这个问题看来是必不可少的，而且，这问题要求对在规定再传的信徒和与主同时的信徒之间的相似和不相似的过程中可能会有的困难作一个说明。不过，尽管这样，我们还是应当首先去考虑，这个问题是否真像近在眼前那样合适？也就是说，首先要去考虑这问题是否会被证明是不合适的，或者，这问题的困难是否原本就不存在，因为提出这问题的人就像痴人说呓话，所以再聪明的人也不能回答它。

毫无疑问，要是这个问题本身就不能提问，当然也就省去了回答的麻烦，困难也就无从谈及了。

你设想困难在于认识到不能以这种方式去提出这个问题。或许你已经认识到这一点；在上次交谈(第四章)中，你说已经了解我和我的所有推论——尽管我至今还不完全了解我自己——这也许就是你对我的了解吗？

① 本书第95页注①。

那根本不是我的看法，我的看法只是，这个问题可以撇开不论，更何况这里正好提出一个新问题——属于再传信徒范畴中的人是否就没有区别？换句话说，把如此漫长的一个时间跨度分隔成这样不均等的两部分——与主同时的时期和在这以后的时期——是否合适。

你以为应当有可能去讨论诸如五传信徒、七传信徒等等的区别。但即使为了满足你而去讨论所有这些区别，结果也根本提不出他们有任何实质上不一致的东西，难道不应该把他们都归在再传信徒这一标题之下而去跟与主同时的信徒相对照吗？抑或，要是严格按照你的要求进行讨论的话，它能进行得下去吗？所以，你处心积虑想要做的也许适足是愚蠢的，这样做只会使有关再传信徒的问题变成一个完全不同的问题，你想由此找到一个机会，拿一个新问题来难倒我，而不是对我所提的问题表示赞成或反对。不过，你也许最不希望这样的谈话再继续下去，生怕它变质为狡辩和争吵，所以，我将中止谈话。但你从我打算去做的说明中将会注意到，这里面已经顾及到刚才你我彼此所作的申明。

一、再传信徒的区别

那么，我们在这里将不考虑再传信徒跟与主同时的信徒之间的关系，这里所要考虑的，是在再传信徒本身（与另一组与主同时的信徒相对比而有的）共同点中所存在的区别，因为这本身是同中之异的区别。因此，在再传信徒中，无论截选哪一代信徒都算不得武断，任何诡辩推理都不能期待因这一刀突然切下去而从这里的相对差别中显现出特别的性质来，因为这差别是在再传信徒的共性危困以内的。在与主同时这个问题上，一旦用虚假的辩证法去理解它时，就会产生诡辩推理，比如，或则去指出，在某种意义上，根本就没有人是完全与主同时的，因为谁都不可能具备与主同时的所有因素，或则去提问，这种同时性终止于何时，非同时性又起始于何时，这方面的争论有没有一个界域(a confinium)，因为多嘴的认识只会在争论中说：在某某程度上。这种不近情理的深刻性毫无意义，抑或在当今时代会被看作是真正思辨的深刻性，因为被鄙视的诡辩已经成了这真正思辨的不幸秘密(只有鬼才知道这是怎样发生的)，并且，被看作是古代消极的东西——“在某种程度上”(调侃式的去容忍不作一点区别的混合笼统)——已经成为积极的，而所谓古代积极的东西，即对于区别的热望，则已经成为愚蠢的。

把悬殊的东西放在一起，最能显出其反差，因此，我们在这里选取第一代再传信徒和新近一代再传信徒(并规定他们相隔的时域为 1843 年)来谈，由于这个谈话不是历史式的，而是数学式的，所以我们将尽可能简洁，我们也丝毫不想以复杂性的魅力去取悦或吸引任何人。相反，就再传信徒的区别而言，我们将始终不忘去牢牢把握在他们的这些区别中与主的同龄人相比照(vis-à-vis)的共同点(在下一节前，我们不会更明确看到关于再传信徒的问题，实质上这是一个并不确切的问题)，并且，我们也将牢牢记住，这区别不应当滥用，并混淆一切。

1. 第一代再传信徒

这第一代再传信徒(相对地)具有可能更靠近直接确信的有利条件,也具有可能更靠近获得那些主的同龄人的情况的确切可靠资料的有利条件,这些人的确实性可以由其他种种途径去证实。我们在第四章已经评价过这种直接确信。要稍微更靠近这种直接确信无疑是靠不住的,因为并不靠近直接确信的人,他所具有的直接确信总是绝对隔一层的。不过,我们还是要对(这第一代再传信徒与以后各代信徒相比较而言的)这一相对的区别作一个评价。我们应当给予它多高的评价呢?无论如何,我们只有联系主的同龄人所具有的有利条件才有可能去评价它。但对于这种有利条件(也就是严格意义上的直接确信),我们已经在第四章中指出,它们是可疑的(anceps—玄乎的),我们将在下一节说明这一点。

假设在第一代再传信徒中有过这么一人,他最靠近主的同龄人,并兼有专制君主的权力与暴戾,他唯一牵心挂肠的就是想把这个问题的真相弄个明白——他因此就是一个信徒了吗?假设这人抓获了所有当时还活着的与主同时的证人,以及这些证人的亲友,使他们一个个受到严酷的审问,把他们像70位圣经翻译者[①]那样禁闭起来,让他们挨饿,迫使他们讲出真相。假使他还诡计多端挖空心思地使他们相互对质,用尽一切手段为自

① 据传,希伯来圣经最早的希腊文译本,是由72位犹太学者被埃及法老禁闭在亚历山大城内翻译的。

己弄到一份可靠的口供，借助这份口供，他就是一个信徒了吗？上帝不会反而因为他在这个问题上想强行索取那既不能用金钱换来也不能用暴力获得的东西而耻笑他吗？即使我们所讨论的那个事实只是一个简单的历史事实，但倘使这人想要让其中每个细节都绝对一致，那么，困难就会接踵而来——这种情况对他来说是至关重要的，因为信仰的激情，也就是说，像信仰一样强烈的热情，已经产生了趋向纯历史方面的错误转向。大家知道，最忠厚诚实的人一旦遇到审讯和审问官的固执念头时，最有可能语无伦次，矛盾百出，只有无可救药的罪犯，他们的口供却是顺理成章没有矛盾的，这种无矛盾的正确性是由一种邪恶内心琢磨出来的。除开这些以外，我们所说的那个事实其实根本不是简单的历史事实——所有这些口供对他来说又有什么用处呢？要是这个人设法弄到了一份连每个细节都完全一致的情节复杂的口供——那么，他无疑就会受骗。他也许已有了甚至比亲眼目睹和亲耳聆听的主的同龄人更大的把握，因为主的同龄人不难发现，他往往不在看，并且往往看错，他也往往不在听，并且往往听错，他还得不断被提醒，他并没有直接看到或听到上帝，他所看到的只是一个奴仆模样的人，这个奴仆模样的人声称自己是上帝——也就是说，他还得不断被提醒，这个事实是以一个矛盾为基础的。那人会因他所得口供的可靠性而受益吗？从历史的角度着眼，他确实会因口供的可靠性而受益，但从别的角度着眼就并非如此，因为关于上帝外表清秀（由于他十足像一个奴仆——像我们一样的普通老百姓——像受气的小人物）的所有谈论，关于直接看到上帝的神性（由于神性不是一种直接的身份证明，并且教师必定首先在门徒身上形成最深刻的自我反思，必定将罪的意识形成作为认识的条件）的所有谈论，关于直接看到的上帝所行的神迹（由于神迹不是直接的，它只是对信仰的人来说才是直接的，因为不信上帝的人是看不到神迹的）的所有谈论——所有这一切谈论在任何地方都毫无意义，是想用喋喋不休的闲聊去阻止独立思考。

这第一代再传信徒相对具有更靠近那令人震惊的事实的有利条件。这种震惊及其引起的激动有利于唤醒上帝的意识。这种上帝的意识（它也可能成为冒犯）的重要性已经在第四章中得到评价。假定它是一种稍为更靠近主的同龄人的有利条件（跟后来各代再传信徒相比较而言）——这有利条件只与主的同龄人的不无可疑的有利条件相关。这有利条件是完全辩证的，就像上帝的意识是完全辩证的一样。不管这上帝的意识是被冒犯的，还是去确信的，这有利条件就是这种意识的觉醒。也就是说，上帝的意识绝不过于偏爱信仰，仿佛信仰只是作为上帝的意识的一个简单推断而成立似的。这种有利条件在于，上帝的意识处于决心越来越清楚地显现出来的状态。这确实是一个有利条件，而且是唯一有点意义的有利条件——那意义多半在于，这种有利条件是令人震惊的，而绝不是令人舒心的欣慰。要是那个事实一点不固执无知地墨守人类的惯例，那么，接续不断的每一代再传信徒就会像第一代再传信徒那样表明同样的冒犯关系，因为后来的人根本不可能更靠近那个事实。不论后来被教育出来[①]的人

① 丹麦文 Opdrage 指教育和培养。

多么去应合那个事实,也无济于事。相反,尤其当这人亲自从事教育而熟知其中门径的话,那只会有助于使他变成一个有教养的喋喋不休的人,在这人的头脑中,既没有冒犯的迹象,也没有留给信仰的地盘。

2. 新近一代再传信徒

这新近一代再传信徒离那令人震惊的历史事实时隔遥远,而另一方面,这新近一代再传信徒却使对这个历史事实的推断绵亘不断地保持着,成为这历史事实所可能有的后果的证据,他们直接面对这历史事实多半可能会涵蕴的一切推断,然而从这近在眼前的可能性证据中却根本没有出现向信仰的转变,曾经有人指出,信仰绝不会偏爱可能性——这一有关信仰的说法也许是对信仰的诋毁。一般说来,真心想把可能性证据和不可能的东西联系起来这样做,或则是为了论证如下问题:那不可能的东西是可能的?但那样的话,这可能和不可能的概念就被改变了;或则是为了论证如下问题:那不可能的东西是不可能的?但用可能性去论证这个问题显然是一个矛盾的想法(倘使具体地了解这个想法,就会更加明确),是人们多半认为不可能有的愚蠢想法,但我想在这当口把这个想法当作笑话开个玩笑,也许是妙不可言和非常有趣的——一个高尚的人为了救助人类,想利用可能性证据帮助人类进到不可能的东西之中。他是非常成功的;他感激不尽地接受了人们对他的祝贺和向他表示的感激,这些人中不仅有地位高的,真正懂得玩弄证据的,也有普通大众——天哪!这样一来,那高尚的人其实弄糟了一切——其中,

或许有人相信这不可能的东西，这实质上是不用说明什么理由的。这个人的信念带点虚有其表，这也难怪，这种人的信念通常总是这样。高尚的人会尽可能和蔼可亲地悄悄引诱他把这信念说出来。这人根本没有怀疑到会有什么不妥，所以和盘托出了自己的信念。不料，他刚说完，这高尚的人就攻其一点大做文章，尽可能地挫伤他的自尊心。这人一下子变得惶惶不知所措，自感羞惭——"以为他也许接受了不合情理的东西"。他不是镇静地回答说："您这位可敬的先生真是一个傻瓜，那东西就是不合情理的，而且必定是不合情理的；尽管对它有种种非议，我自己对这些非议反复考虑过，甚至想得比别人可能对我提出的还远更可怕，尽管这样，我还是要选择去接受这不可能的东西。"——他没有这样说，反而想去引证一个可能性证据。现在，高尚的人开始去帮助他，让他自己去弄明白这样做的必要，最终使他这样说："哦，这下我终于明白了！原来这是最可能的东西！"高尚的人拥抱了他；要是玩笑再开下去的话，高尚的人还吻了他，并为占有这更富说服力的资料(ob meliorem informationem)而感谢他，在同他告别时，高尚的人一再用热切的双眼深情地望着他，并像一个生死与共的朋友和兄弟那样跟他告别，从此，这高尚的人就永远理解了一颗同样高尚的心灵——这样的玩笑是无可非议的，要是这人对自己的信念不曾虚有其表的话，面对他那信念的坦诚真切，我大概会变得像傻子那样——伊壁鸠鲁对个人与死的关系的说法(尽管他的观察有点令人扫兴)适用于可能性与不可能性的关系：当我活着时，死就不存在，而当

死存在时，我就不再活着。[①] 要是那个历史事实已经作为绝对的悖论问世，那么所有后来问世的都根本没用，因为这个历史事实是作为一种悖论的推断永存的，所以它就像悖论那样显然是不可能的，除非假定这些推断（它们最终是被推论出来的）获得反作用力去转化这悖论，要是这个假定可以接受的话，那么同样也可以假定儿子接受反作用力去转化他的父亲。即使纯逻辑地——也就是说，以内在的形式——去考虑这些推断的话，推断仍然只可以被规定为是跟它的理由相同一的和相同类的，而万万不可以被规定为具有一种转化的能力。具有这些直接在眼前的推断，好比具有直接的确信那样，只是一种可疑的有利条件，并且，直接获得这些推断的人就像误把直接的确信认作信仰的人那样受到欺骗。

这些推断的有利条件看来在于，那个历史事实被看作是一点一点逐渐顺应的。倘使真是那样的话（倘使这是可以想象的话），那么，后来的一代人显然处于比与主同时的一代人更有利的地位

① 见伊壁鸠鲁致美诺冠（Menoeccus）的信：你本人要习惯于相信死亡对我们来说是毫不相干的，因为好坏善恶尽由感觉而来，死亡则是所有感觉的消失；因此，正确认识到死亡对我们毫不相干，我们对人生而必死这件事就会变得愉快起来，这并不是给生命加上无尽的寿数，而是去摆脱对不死的渴望。要是人已彻悟到终止生命没有什么可怕，对他来说，活着也没有什么可怕。因此，要是有人说他之所以怕死，不是因为死的来临将是痛苦的，而是因为等候死的来临的痛苦，那他就是可笑的。说死的来临不会引起烦恼，倒是等候会引起烦恼，那是没有理由的。因此，死亡这一最可怕的恶事，对我们是无足轻重的，当我们有感觉时，死亡还未来临，而当死来临时，我们已经没有感觉。于是，死不论对生者还是对死者都是不相干的，因为对于生者来说，死尚与己不相干，而死者本身又已经不复存在。但在这个世界上，人们有时把死亡当作最坏的坏事去逃避，有时又把死亡当作摆脱人生罪恶的休憩。聪明人既不厌生，也不害怕死亡。

(要是有人一面去谈论这种意义上的推断,一面又把跟那历史事实同时的好运加以浪漫化,那他一定是愚不可及的),并且能泰然自若地盗用那个历史事实而不必预先声明对上帝的意识的模棱两可,因为从这意识中既可产生信仰也可产生冒犯。不过,那个历史事实却根本不拱手听从,它因事实本身的成功后果而过于狂妄地想要对趋附的信徒提出要求,拒绝在国王或教授的庇护下顺应——那个历史事实并不是因思索的认可才形成的,它依然是悖论。那只是对信仰来说才是事实。

现在,信仰肯定了人的第二天性,但对信仰成了第二天性的人来说,他肯定原本就有第一天性,由此信仰才退居第二位。要是那个历史事实被顺应的话,那么就个人而言,也许可以这样说,个人为信仰所生——或者说,为他的第二天性所生。要是我们的叙述以此为前提,那么各种各样的胡言乱语就得了生路,因为这样一来,盖子就揭开了,而且这过程不可能停下来。当然,这种胡言乱语是一定要进一步去捏造出来的,因为它要是不比苏格拉底的观点远更领先的话,是会深感羞辱的,尽管苏格拉底的观点中确实有真知卓识,但我们为要揭示在一开始的思考方案中所构想的东西,就必须去抛弃这种观点。灵魂在轮回的观点中也有一点见识,但要是说一个人被他的第二天性所生,而第二天性又涉及特定时间中的历史事实,那确实是极端(non plusultra)愚蠢的。从苏格拉底的观点看来,个人在他得以实存之前已经存在,并且已经有所回忆;因此,回忆是先在的(而不是对先在的情况的回忆)。他的天性(指唯一的天性,因为这里根本不存在第一天性和第二天性的问题)不断规定自身。不过,这里的一切都面向未来,并且是历史的;

这样，被信仰所生就像被24岁的妙龄女人所生那样合乎情理。要是被信仰所生的人实际上有可能被提醒说，他可能是比霍尔堡一部喜剧（*Den Studeslfsel*）[①]中的理发师讲述的瑙布登[②]地方所生的那些婴儿更值得一看的稀有罕物，尽管在理发师和爱管闲事的人看来，那信仰所生的人也许是最可爱的小生灵，思考的最大成果——抑或个人是由两种天性同时所生——请注意，这并非由两种天性一起形成人的共同天性，而是由人的两种各自完整的天性同时所生，其中每一天性都以相互之间的某个历史的东西为前提。倘若那样的话，我们在第一章所构想的一切就要乱了套，我们不是站在苏格拉底一边，而是处在甚至连苏格拉底大概也无法收拾的混淆之中。这种混淆成了跟提亚那的阿波罗尼奥[③]所创的前世定位的混淆颇有共同之处的一种后世定位的混淆。也就是说，跟苏格拉底不同，阿波罗尼奥不满足于让自己作为先于趋向实存的存在去回忆（意识的永恒性和连续性是苏格拉底思想的深刻含义和想法）而是急于要更进一步——换句话说，他要去回忆在他成为自己之前他曾是谁。要是顺应那个历史事实，那么对一个人来说，生就不再只是生而且也是重生，这个从未被生的人——即使他本人的生命已生了下来——才被再生，这意味着，这个人被信仰所生；这同样适用于人类，所以在那个历史事实意外发生之后，人类就得

① 在霍尔堡的一部喜剧中，理发师讲，"瑙布登有一个水兵的妻子曾生下32个婴孩到世界上，她看上去却一点不比普通孕妇更结实。"

② 瑙布登（Nyboder），丹麦某地，那里从1631年起设有水兵住宅区。

③ 阿波罗尼奥（Apollonius，Tyana，公元前一世纪末生），古希腊新柏拉圆主义哲学家，持毕达哥拉斯-柏拉图生命先在的观点，他定位自己在前世中，曾是一艘埃及船只的船长。

到再生，成为完全不同的人，但这也依然不断受到前辈人类的限定。那样的话，得到再生的人类原本是要取一个新名的，但我们已经说过，使人类得到新生的信仰肯定是不会越出人的范围，就像生不越出生（再生）的范围一样，要是信仰真像我们所假设的反对意见所希望的那样，它肯定就会变成传说中的怪异。

这些推断的有利条件之所以是一种可疑的有利条件，还有另外一个原因，因为这不是对那个历史事实的简单推断。让我们尽可能地高度评价这些推断的长处；让我们假定这个历史事实完全改变了世界，它甚至无孔不入地渗透到最微不足道的日常琐事之中，那么这一切又是怎样发生的呢？它肯定不是倏忽促成的，而是逐渐发生的——那么，它是以什么方式逐渐发生的呢？大概就是通过每一代人各自去跟那个历史事实相联系的吧？所以，应当审察这个中间环节，由此，这些有力的推断才有可能仅仅通过人们一次信仰的改变而惠及于人。但要是曲解那个历史事实的话，不也可能会有曲解的推断吗？谎言不也可能是有力的吗？而且，这些推断和谎言不是在每一代人中都曾发生过的吗？要是每一代人都要把自己的这些才华横溢的推断作为理所当然的东西传给后续的一代——那么，这些推断其实就是一种曲解。威尼斯城不是建在水上的吗？尽管这座城市是建在水上的，但最年轻的一代人完全不去注意这种建筑方式，要是这新近的一代人直到根基被水浸烂、整座城市开始下沉时依然执迷不悟的话，那不就成为一个可悲的曲解了吗？但从人的角度上说，建立在悖论之上的这些推断是建在深渊之上的，[①]这些推断的全部内容——那全部内容只是在其

① 丹麦文 Afgrund 意指无底深渊。

一致依凭悖论的情况下传到每个人那里的——并非像真正的遗产那样递传，因为这一切都是悬而未决的。

3. 比较

我们不再继续这里所展开的讨论，而将它留给每一个人，让他们练习从最多种多样的方面回到这个想法上来，让他们练习运用自己的想象力从各自相对不同的境遇中发现最不可思议的实例，最终得以彻底领悟这个想法。在这方面，量的东西将被限定在一定的范围自由变动。量的东西有助于生命的多样化，并且不断编织出它那五彩缤纷的毡毯。它就像坐着纺线的命运女神，而且就像另一位负责去割断生命之线的命运女神，但真正捏在手里的是那种思想[①]——每当量要去构成质时，这样的事就总该发生（这不仅仅是一种比喻）。

第一代再传信徒的有利条件同时也给他们带来困难；当这是个人准备去应付的困难时，它就始终是一个有利条件、一种安慰，具有这种有利条件使困难成了这个人的困难。要是新近一代再传信徒想到这一点，于是就去观察第一代再传信徒，发现这一代信徒几乎都恐惧得透不过气来，他们就会说，“这真不可思议，因为一切不至于艰难到无法爬起来再跑的程度”——这时，无疑就有人会答应说，“那就请吧，你自己为什么不爬起来跑，你以为自己正在跑，

① 在希腊罗马神话中，命运三女神，一位专司纺线，一位专司割线，一位专司生命之线的长度。人寿尽时，纺线即断。

其实只是坐而论道罢了。当然，要顺风去跑的话，那其实是最省力不过的。”

新近一代再传信徒具有随和的有利条件，但接着就会发现，这种随和实在是很成问题的，于是就会产生困难，这困难应当是跟畏惧的困难相对应的，这种畏惧是原本就有的，它揪住第一代再传信徒，同样也将揪住新近一代再传信徒。

二、再传信徒的问题

在考虑这问题本身之前，我们将做一点定向的观察。（一）如果那事实被看作是一个简单的历史事实，那么，成为跟那事实同一时代就颇带关系，并且，成为跟那事实同时代的人（对这一点的更详细了解，在第四章中已作了说明），或者尽可能地靠近那历史事实，或者尽可能去查明那些同时代人的真实性等等，这一切就都是一种有利条件。任何历史事实仅仅只是一个相对的事实，因此，就与主的同时性而言，要去决定人们的相对命运，就得完全适应相对的权力和相对的时代。这一点不过分，只有愚昧无知的过分评价才会使那个历史事实成为绝对的事实。（二）如果那事实是一个永恒的事实，那么，任何一个时代的人都同样地靠近那个事实——但请注意，不是因信仰而靠近那事实，因为信仰是和历史的事实完全相对应的，因此，对我来说，使用从历史方面去理解的“事实”这个词只是去迁就对语言的一种不够正确的用法。（三）如果那历史事实是一个绝对的事实，或者，更确切地说，如果那历史事实是我们在上面所说的那个绝对的事实，那么，它就是一个矛盾，不同时代

的人们，他们跟那事实的关系也不同，时间能摊派这种不同的关系——也就是说，时间在摊派这种不同的关系中起有决定性的作用，而凡是实质上能由时间摊派的东西当然就不是绝对的，那可能就暗示，绝对本身完全是一种格(a casus)①，是它跟其他东西相关的一种位格，尽管绝对在活的所有格中都可以变格，但绝对又总是同一的，并且，它跟其他东西的连续关系总是一种绝对的位格(status absolutus)。② 但绝对的事实其实也是历史的事实。要是我们根本不去注意这一点，那么，我们这个有所假设的讨论就将全部被推翻，因为那样的话，我们所谈到的就仅仅只是一个永恒的事实。绝对的事实是一个历史的事实，并且它本身就是信仰的对象。实际上，历史的方面是应当强调的，但不应当把它绝对地说成是个人的决定性因素，否则，我们就要回到(一)上去(要是这样去理解的话，它就是一个矛盾，因为一个简单的历史事实并不是一个绝对的事实，它也没有去做任何绝对决定的能力)。但也不应当取消历史的方面，否则的话，我们就只有一个永恒的事实。

就像历史事实成了主的同龄人成为一个信徒的机缘——请注意，这是通过上帝那里接受条件的(否则的话，我们就要按苏格拉底的方式去表达)——同样，上帝的同龄人的传说也成了使每个后来的人成为一个信徒的机缘——请注意，这是通过从上帝那里接

① 在语法中，Casus(格)表示名词、代词的一种关系，在发生屈折变格的语言中，表示形容词和句子中其他词的关系。

② 在希伯来文语法中，生格或所有格由被占有物的名词直接放在占有主的名词之前去表示，就像在英语中，the hand of the Man(人的手)的那种结构。在这种结构中，后一名词，即占有主的名词所处的位格称为绝对的位格。

受条件的。

现在，我们就开始讨论再传信徒的问题。通过接受条件而成为信徒的人是从上帝那里接受条件的。要是这样的话（而这就是我们以上所要说的，我们在上面指出，直接与主的同时代性仅仅是机缘，不过请注意，条件作为一个人的机缘，并非理所当然就是现成的），那么，这在有关再传信徒的问题中又具有什么地位呢？因为一个人要具有从上帝那里接受来的东西，显然才是直接具有的，而不具有从上帝那里接受的东西，就不是一个信徒。

让我们提出有点不同的假设。假设与主同时的那一代信徒是从上帝那里接受条件的，而直到现在为止的后来各代人又都是从这些主的同龄人那里接受条件的——这样的结果会是什么呢？我们不要因为顾虑到历史方面不够踏实就不敢正视这个问题，由于历史方面的虚弱，人们最渴望能寻觅那些主的同龄人的传说，这就使他们又处在一种新的矛盾之中——仿佛一切都取决于此——从而又产生了一种新的混淆（要是一开始就着手这样做，那么这种混淆就没完没了）。不，不能这样去假设，要是主的同龄人把条件给予后来人，那么后来人就会渐渐相信他。后来人从主的同龄人那里接受了条件，这样一来，主的同龄人就成了后来人信仰的对象，因为后来人从他那里接受条件，他当然（见前文）就是后来人所信仰的对象，并且就是上帝。

上面的假设也许是无意义的，它足以把思想吓走。但要是后来出生的人也从上帝那里接受条件的话，那么就会重新回复到那种苏格拉底式的关系上去——但请注意，那种关系总在由那历史事实以及每个人（包括主的同龄人和后来人）与上帝的关系所形成

的种种区别的范围之内。不过，说上面的假设无意义，因此是难以想象的，这跟说那历史事实以及每个人与上帝的关系是难以想象的，有着不同的意思。我们作为前提的那个历史事实以及每个人与上帝的关系不包含任何自相矛盾，所以，人们能潜心去思索这个前提，就像潜心思索天下最怪异的东西一样。而上面那个假设，其无意义的推断包含了一种自相矛盾，它对我们作为前提的那种难以想象的东西，即假定那个历史事实以及每个人与上帝的关系，还不感满足，还在这假定的前提内生出一种自相矛盾：上帝是主的同龄人的上帝，而主的同龄人又是第三方即后来出生的人的上帝。我们的思考方案只是因其把上帝放在跟每一个人直接相关的关系中才超脱了苏格拉底，而实际上谁又敢把“一个人在其跟他人的关系中是一个神”这样的胡言乱语归之于苏格拉底呢？这不能归之于苏格拉底，苏格拉底的理解，原本应被看做是一种英勇行为，他以这种英勇行为去理解人与人有怎样的关系。而在我们所假定的思考方案中，着重点也是要取得这同样的理解——那就是，正由于一个人是位信仰者，所以，他不为某个什么事情而蒙别人的恩，只为所有一切事情而蒙上帝的恩。我们将不难看到，要有这样的理解是不容易的，而要经年累月地不断坚持这种理解就更不容易（因为偶尔有这样的理解而不考虑实际的反对理由，也就是说，自以为已经有这样的理解，是并不困难的）；而任何人，要是一旦去修习这种见解，无疑就会经常不断地发觉自己处在误解之中，而要是他想让别的东西纠缠的话，就更得留神。但倘使他已经明白了这一点，他也会明白，没有也不可能有任何再传信徒的问题，因为信仰者（并且只有信仰者，最终是一个信徒）不断具有信仰的亲见（autopsy)；他不是用别人的眼睛去看待一切，而只是像任何一个信仰者那样，用信仰的眼睛去看待一切。

那么，一个主的同龄人又能为后来出生的人做点什么呢？（一）他能告诉后来出生的人，自己相信那个历史事实；这实际上完全不是一种交往（根本不存在直接跟主的同时性，以及这历史事实是基于一种矛盾之上，这些都表明了这一点）而仅仅只是一个机缘。所以，要是我说这件事和那件事发生过，那我就是从历史的方面去说；而要是我说，“我相信并且认为这件事发生过，尽管这样做，从认识的角度来说是愚蠢的，并且也伤害人的感情。”[①]那么，在这样说的同时，我已尽了努力不让任何人作出直接依从我想法的决定，并拒绝一切我呼你应的关系，因为任何一个人都恰恰应当以这样的方式去自己作出决定。（二）主的同龄人更能把那个历史事实的内容说成是为信仰而存在的内容，这跟颜色只是为视觉而存在，声音只是为听觉而存在，多少是同一个意思。他能够以这种方式去讲述那个历史事实；否则，他就只能胡说八道，也许还会哄骗后来出生的人决意去承续那些无聊的饶舌。

后来人所关心的主的同龄人的可信性指的是什么意思呢？主的同龄人是否真相信，他证实了自己跟后来出生的人根本没有什么关系；那种可信性对后来的人根本没有好处，对后来的人变得自信起来也根本没有关系。个人只能亲自从上帝那里接受条件（那完全符合这个人放弃认识的要求，另一方面，也是符合信仰的唯一

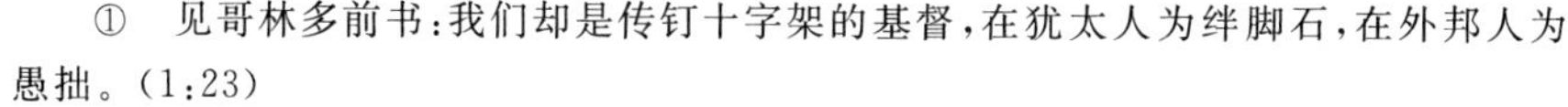

① 见哥林多前书：我们却是传钉十字架的基督，在犹太人为绊脚石，在外邦人为愚拙。(1:23)

依据)，只有那样，个人才会相信上帝。要是他相信(说得更正确些，他自以为相信)住在小山边的那些老实人是因为做了许多好事而曾经相信过[①](也就是说，曾经声明他们具有信仰，因为一个人不可能更进一步去核验别人，即使对那人是否出生过、忍耐过以及是否为信仰而遭受过苦难也无法进一步去核验；局外人对他人的了解不可能超出他人自己所声明的东西，因为谎言和真话都恰好在人的目光所及的范围之内，而不是在上帝的目光所及的范围之内)，那么，他就是一个傻瓜，至于他是依据自己的看法，还是依据人家对那些因做好事而去信仰的老实人的也许颇为广传的看法，抑或还是他相信了像明希豪森[②]那样的人，则都是次要的。要是主的同龄人的可信性对他会有某种兴趣的话(啊哈，此人就会相信，这是一个将引起巨大轰动的题材，是可以去写作多卷本著作的机会，因为这种看来挺认真的样子，这种对某某人的可信性所作的思考，而不是对自己是否真有信仰的思考，都只是为那种知识分子的懒散和欧洲人的街谈巷议所定制的)，那么，他的这种兴趣应该是关于某个历史事件的兴趣。这又是什么历史事件呢？这历史事件只可能作为信仰的一个对象，而不可能由一个人传达给另一个人——说得更正确些，即使一个人能够将它传达给另一个人，但请注意，这种传达也不是别人所相信的；而要是他以信仰的方式去传

① 在霍尔堡的喜剧《埃拉斯穆斯·孟塔努斯》中，“小山”(Berg)是主角人名，也是剧中场所地名。在讨论埃拉斯穆斯(Erasmus)的地球是球形的观点中，剧中人伯·狄格(Per Degn)断言，好市民都相信地球是扁平的，而且“应该更去相信众人所说的而不是仅仅只有一个人所说的。”

② 明希豪森(Münchhausen)，传说中一位专门讲述荒诞不经故事的人。

达它，他就将尽最大努力阻止别人直接去采纳这事实。要是我们谈及的这个历史事实只是一个简单的历史事实，那么，编史者所讲究的史实细节考证也许就显得十分重要。但这里的情况并非如此，因为信仰不可能从哪怕最难察觉的细节中提取出来。问题的实质是上帝曾经显身人样来到人世间这个历史事实，而其他历史细节甚至并不那么重要，仿佛这些细节只是有关人的问题而不是上帝的问题那样。法学家说，死罪归并了所有较次要的罪行——信仰也同样如此。信仰本身的荒谬完全归并了较次要的问题。通常令人心烦的历史事实的不相一致，在信仰这里不仅不令人心烦而且还不成问题。不过，要是有人打小算盘，想把信仰提供给标价最高的人，那么，这种不相一致就事关重大，因为这会使他永远不去信仰。即使与主同时的那一代人仅仅只留下这样几句话："我们确曾相信过，上帝在某年显身为谦卑的奴仆，他生活在我们中间，教导我们，然后死去。"——仅仅这几句话也就绰绰有余了。与主同时的那一代人大概已尽了他们应尽的责任，因为就凭这一点声明，就凭这一点对世界史的提示(nota bene)就足以为后来出生的人提供一个机缘，对于后来出生的人，即使最详尽冗长的传说也永远不会赛过于此。

要是我们想以尽可能简洁的方式说明主的同龄人和后来人的关系——当然，这种简洁绝不能有损于正确性——那么，我们可以这样说：后来人的信仰依据他本人从上帝那里接受的条件，而借助于主的同龄人的传说(作为机缘)——主的同龄人的传说是后来出生的人的机缘，就像直接与主的同时性是主的同龄人的机缘一样，而要是这传说是本应具有的传说(一个信仰者的传说)，那么，这种

传说就将同样引起对他本人所具有的并由直接与主的同时性诱发的上帝的意识的模糊解释。要是传说不具备这种性质,那么,它或则出自一位编史家之手,而且并不真正论及信仰的对象(就像一位并非信仰者的与主同时的编史家所叙述这一或那一事件一样),或者就出自一位哲学家,并且也不论及信仰的对象。不过,信仰者是以这样一种方式留下传说的,没有人会直接去接受这种传说,因为"我相信它"这样的话(尽管不把认识和我自己的创造才能当作一回事)有一种颇令人不安的转折含义。

我们可以这样说,根本就没有什么再传信徒。最初一代信徒和最新近一代信徒实质上是一样的,除了后一代人把主的同龄人的传说作为机缘,而主的同龄人把自身直接与主的同时性作为机缘,每一代人都没有任何特别的受惠。但这种直接与主的同时性,仅仅只是一个机缘,而对于这种机缘反应最强烈的是信徒,要是他们了解自己的话,大概就会去希望,这个机缘能随着主离开人世而终止。

但有人也许要说,"这一切是多么不可思议!你的议论我已读到结尾,确实也不无有趣,我还高兴地发现这里面没有什么自吹自擂,也没有什么遮遮盖盖。你写得够迂回曲折的。就像沙夫特[①]最后总要倒在餐厅那样,[②]你也总要搀和进一些并不属于你自己的话,使人寻根索源颇费一番周折。新约把主要离开人世去往上

① 沙夫特(Saft),丹麦人布劳斯(Surgeon Brause,关于此人,不详)的助手。

② 布劳斯这样说到他的助手沙夫特:"他拼命转弯抹角,所以最后不是倒在餐厅里就是倒在酒窖中。"

帝那里说成是对信徒有利的，这种说法出自《约翰福音》。[①] 然而，这种说法是否是故意的，你是不是想以这种方式使那说法像现在一样给人留下特别深刻的印象，我原本对主的同龄人的有利条件心仪已久，给予甚高的评价，但你好像把这种有利条件大大贬低了，因为你说根本不可能有什么再传信徒的问题，或者可以这样说，你以为所有信徒实质上都是一样的。不仅这样，照你刚才所说，原本被以为是一个有利条件的直接与主的同时性，已变得大成问题，似乎对于信徒来说，没有这个有利条件也许更加有利。这表示直接与主的同时性是一种过渡状态，它应当有自己的意义，就像你可能会说的，倘然不准备回到苏格拉底的想法，这种直接与主的同时性是不能忽略的，尽管这样，这种直接的同时性，对于主的同龄人来说，仍不会具有绝对的意义。所以，他不会因这种同时性的终止而有实质的解脱，相反，它会因此而得益，否则的话，他就会失去一切，并回复到苏格拉底的想法。”

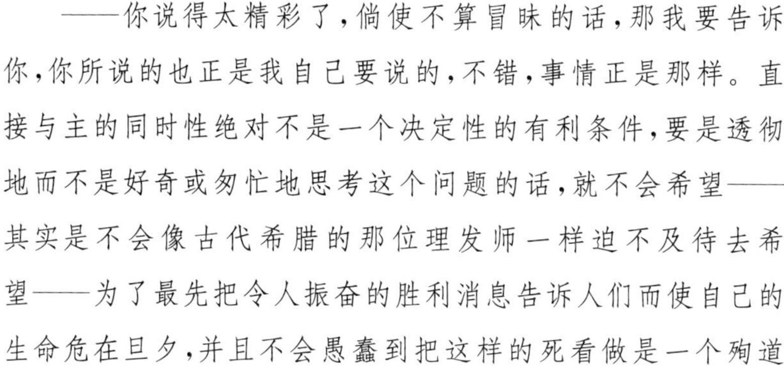

——你说得太精彩了，倘使不算冒昧的话，那我要告诉你，你所说的也正是我自己要说的，不错，事情正是那样。直接与主的同时性绝对不是一个决定性的有利条件，要是透彻地而不是好奇或匆忙地思考这个问题的话，就不会希望——其实是不会像古代希腊的那位理发师一样迫不及待去希望——为了最先把令人振奋的胜利消息告诉人们而使自己的生命危在旦夕，并且不会愚蠢到把这样的死看做是一个殉道

① 见约翰福音：“然而，我将真情告诉你们，我去是与你们有益的；我若不去，保惠师就不到你们这里来；我若去，就差他来。”(16:7)

者的死。[①] 当然,直接与主的同时性也绝不至于是主的同龄人应当明确想要它终止的一个有利条件,以免引诱他枉费气力地东跑西奔总想亲眼去看一看和亲耳去听一听,这毕竟是可悲又令人绝望的讨厌事。不过,你肯定自己也觉得,这其实属于另一种解说,那里的问题也许是,与主同时的信仰者,在他成了信仰者之后,会从与主的同时性中得到什么有利条件;而我们在这里仅仅只考虑直接与主的同时性在多大程度上更容易使人成为一个信仰者。后来出生的人不可能受到这样的引诱,因为他们只有主的同龄人的传说,而传说只是一种传说,是信仰的有所局限的形式。因此,要是后来人了解自己的话,他应当希望主的同龄人的传说不要过于冗长,尤其不要写成多得连世界都容不下的书去表述。[②] 直接与主的同时性有一种浮躁不安,只有声明这种同时性终止了,这种浮躁不安才会结束——不过,也并非要安宁才去排除历史的东西,要是那样的话,一切又是苏格拉底的框架。

平等就是这样确立起来的,敌对的各方也是这样想到平等的。

我自己也是这么看的,不过,你也应当考虑到,上帝自己是调解人。上帝会给一些人带来和解,从而使这些人截然不

① 这里兼指两件史实,一件史实是公元前 415 年雅典远征西西里时,理发师在雅典传布胜利消息,另一件史实是公元前 490 年,希腊士兵菲迪皮茨自马拉松奔跑约 40 公里到雅典,把雅典军队战胜波斯侵略军的消息告诉同胞后倒地死亡。

② 见约翰福音:耶稣所行的事还有许多,若是一一地都写出来,我想,所写的书就是世界也容不下了。(21:25)

同于其他一些人吗？那样的话，其实会导致冲突。上帝会允许当局去裁决得到他好感的这些人吗？或者，上帝让和解对每时每地的每一个人都变得同样的困难，这难道不值得吗？我之所以说“同样的困难”，是因为每一个人都没有能力给自己提供条件（当然，他也不是从另一个人那里接受条件的，否则就会产生新的冲突），这样一来，同样的困难又可以说是同样的容易——因为是由上帝给人提供条件。你瞧，这就是我一开始要把我的思考方案看作（说得更确切些，只是由于一个假设才可以这样被看作）是一个敬上帝的方案的原因，而且，我至今依然把它看作是敬上帝的方案，我依然不在乎任何人的反对，相反，我倒要再次恳请你，倘有什么正当的反对理由要提出，就请提出来。

你突然变得这么的快活！虽然我们的话题并不轻松，但光是为让你快活，我也应当提出一点反对的理由，除非不提出反对理由会使你更快活，或者你一本正经的恳请只是打算暗示我免开尊口。我想从你的快活说开，去提出我的反对理由，以免我的反对理由真的会使你的快活笼罩上阴影。我也同样认为，后来出生的一代人是因快活才使自己开始跟与主同时的一代人区分开来的。我完全意识到，与主同时的一代人应当真正深切地感受和经历到包含在这一悖论的趋向实存之中的痛苦，或者就像你所说的那样，包含在上帝让自己活在人的生命之中的痛苦。但事物的新秩序必定会逐渐成功地排除一切障碍，而快乐的一代最终将会到来，他们在欢乐的歌声中去收获第一代人含着泪水所播种的果实。但那样一来，一生沉

浸在歌声和铃声之中的快活得意的这一代人不就截然不同于最初一代和早先几代人了吗?

是的,这确实不同,容许由于这样的不同,甚至难以保留作为我们这一讨论前提的每一代信徒的平等性,而要是不保留这个前提,这一代人的特殊性就会使我要想获得这种平等性的努力归于失败。但这样快活得意的一代人,或像你所说的,一生沉浸在歌声和铃声之中——要是我没有记错的话,这使我想起一位颇有名气的天才①在一种时髦的、"北欧麦芽酒"(ale-Norse)②版圣经译本中也有这句话——像这样一代人其实应该是信仰的一代吗?现在,要是信仰真的具有全面推进成功的意思,那就没有必要允许人们去唱讽刺挖苦的歌,这样做阻挡不住任何人。即使人们吓得目瞪口呆,这狂欢的队伍仍会发出刺耳的哄笑,就像出自锡兰(Ceylon)大自然的声音,③因为狂欢庆祝的信仰是所有信仰中最荒唐可笑的。要是与主同时的信仰者没有时间去狂欢庆祝,那么任何一代信徒也都不会有时间去狂欢庆祝,因为对每一代信徒来说,信仰的课业都是一样的,并且,信仰总是处在冲突之中,

① 指丹麦哥本哈根大学神学院神学家格朗特维格(N. F. S. Grundtvig)。

② 丹麦文 Φlnordisk 的字面意义是北欧麦芽酒。

③ 舒伯特(Gotthilf Heinrich Von Schubert)在《梦的象征意义》(*Die Symbolik der Traumen*,班贝克,1821 年)中写道:"……大自然的声音,那锡兰天空中的乐曲,使人时而心惊胆寒,时而惬意快心,时而哀怨断肠,仿佛哼唱着小步舞曲的音调。"(第 38 页)

而只要有冲突，就总有取胜的可能性。所以，就信仰来说，人们是绝不会提前去狂欢庆祝的，说得更确切一些，是绝不会及时去狂欢庆祝的，他们怎么会有时间去创作胜利的凯歌或有适当的机会去唱这些凯歌呢！要是果真发生这种狂欢庆祝的话，那就好比一支临战前的军队，非但不去严阵以待，反而行军返回到正在狂欢的兵营一样。对于这种做法，即使不加嘲笑，即使与主同时的人全都同情这种胡话，但说不定什么时候人们忍俊不禁的笑声总会突然喷发出来！主的同龄人要是不愿意上帝让自己遭受卑贱和轻蔑，他对上帝的追求就是徒劳的，与此相比，所谓后来信仰者的状况甚至更糟，因为他们本人更不会安于卑贱的贫困和受辱，更不会安于愚鲁的争执，除非这一切都跟歌声和铃声有关，他无疑才会下决心去相信上帝。对于这种信徒，上帝容许会像对与主同时的信徒那样去对他说：那么说来，你原来爱的只是创造神迹的全能者，而不是屈尊自己去跟你平等的全能者。

对不起，这里我要打断一下。即使我是一位比我实际更出色的辩证学家，我也总有自己的限度。从根本上说，一位出色的辩证学家恰恰在于他始终去强调绝对以及绝对的特性。这正是我们今天由于取消矛盾原理和为了取消矛盾原理而完全忽视了的东西，完全没有领会亚里士多德所强调的，其实就是矛盾原理的取消要以矛盾原理为依据这样的命题，否则，不取消矛盾原理的相反命题也同样是

真的。①

我想更就你的许多暗示直接做点说明，你的许多暗示几乎都针对我在议论中搀和了剽窃来的话。对此，我并不否认，老实告诉你，我还是有意要这样做的，而且在这本小册子的续篇——要是我接着去写这续篇的话——我打算用相应的书名去点明这事实，并使其问题裹上历史的外表。② 像吾辈这样一个小册子作者，你也许从别人那里听说过，是再随便没有的，要是我真想去写续篇的话，那何必在这本小册子要结束时，偏生又一本正经起来，还许下一个颇大的愿，以取悦人心

① 见亚里士多德的《形而上学》：凡为每一个有些理解的人所理解的原理必不是一个假设；凡为有些知识的人所必知的原理当然是在进行专门研究前所该预知的原理。现在，让我们进而说明什么是这样一个最确实的原理。这原理是："同样属性在同一情况下不能同时属于又不属于同一主题"；我们必须预想到各项附加条件，以堵住辩证家乘机吹求的罅隙。因为这符合于上述的界说，这就是一切原理中最确实的原理——有些人甚至要求将这原理也加以证明，实在这是因为他们缺乏教育；凡不能分别何者应求实证，何者不必求证就是因为失教，故而好辩。一切事物悉加证明是不可能的（因为这样将作无尽的追溯，而最后还是有所未证明的）；假如承认不必求证的原理应该是有的，那么人们当不能另举出别的原理比现在这一原理[矛盾律]更是不证自明的。

又，假如对于同一主题，在同一时间内所有相反说明都是对的，显然，一切事物也将混一。

照这论点，如上已言及，一切事物悉成混一，如人与上帝与接船以及它们的相反都将成为同一事物。相反既可同作每一主题的谓词，一事物与另一事物就无从分别；因为它们之间若有所分别，则这差异正将是某些真实而相殊的质性。假如将那两个相反谓词分开来作答，除了引致上述各样事物的混一外，也将引致这样的结论，一切事物可以是对的，也可以是错的；而我们的对方承认自己是在错的一边。（商务印书馆，1950年版，1005^{b17}-1006^{a12}，1007^{b20}，1008^{a25}）

② 指《哲学片段》出版后三年问世的《哲学片段的非科学的最后附言》。"作者"克利马科斯认为《片段》的叙述是数学式的，《附言》的叙述是历史式的。

呢？换句话说，写小册子时我还那么轻佻——现在却又那么一本正经地许愿要写成体系的书，弄得每个人不仅自己看来而且别人看来都那么的一本正经。要领悟续篇将有什么历史外衣并不难。众所周知，基督教应当成为每个人的永恒意识起点的唯一历史现象，也应当是每个人不单从历史方面去感兴趣的唯一历史现象，也应当是每个人赖以去建立他跟某个历史事实的关系的唯一历史现象，尽管基督教是历史的，而事实上，它也亏得是历史的。基督教的这种想法是任何哲学都不曾有过的(因为哲学只适用于思考)，是任何神学都不曾有过的(因为神学只适用于想象)，也是任何历史知识都不曾有过的(那种历史知识只适用于回忆)——在这方面，对于这种想法，人们会带着尽量多重的意思去说，这是人心未曾想到的。[①] 不过，在某种程度上说，我应当忘记这一点，并且应当适用一个假设的随意判断，我已假定这一切都是我本人的怪异想法，这种想法在我彻底弄通之前，我是不想抛弃的。教士们总是从创世开始讲，所以他们能滔滔不绝地讲述世界史。要是我们从讲述早先所说的东西开始去讨论基督教和哲学的关系，讲述我们过去是怎样的，而不是最终是怎样的，那么我们就得老是设法去重新开始，因为历史总是不断在形成着的。要是我们从"那位新约的执行者(executor novi Testamenti)，

① 见哥林多前书：我们讲的，乃是从前所隐藏、上帝奥秘的智慧，就是上帝在万世以前预定使我们得荣耀的。这智慧世上有权有位的人没有一个知道的，他们若知道，就不把荣耀的主钉在十字架上了。如经上所记：上帝为爱他的人所预备的是眼睛未曾看见，耳朵未曾听见，人心也未曾想到的。(2:7-9)

伟大的思想家和圣人本丢·彼拉多[1]”[2]开始——他即使没有发明调解，却也因自己的特色而受到基督教和哲学的深深感激，而要是在从他开始之前，我们还必须去等待一两本屡次被权威(ex cathedra)预告的关键性著作(也许还是成体系的著作)，我们又究竟怎样设法去重新开始呢?

① 本丢·彼拉多(Pontius Pilate，? —36 后)，罗马帝国的犹太巡抚，主持对耶稣的审判，并宣判耶稣死刑。事后向罗马皇帝辞职。在基督教传说里，彼拉多最后信奉基督教。

② 普鲁士基督教思想家哈曼(Hamman)在一封书信上写道:“本丢·彼拉多——最聪明的作者和最难解的先知。”(《哈曼参考文献》，柏林，莱比锡，1821—1843 年，卷五，第 274 页)

跋

这个思考方案显然超脱了苏格拉底的框架，这在方案中是随处可见的。至于它是否因此就比苏格拉底的想法更真实则是一个完全不同的问题，思考方案不可能同时再去解答这个问题，因为在这方案里已经做了几个新的假定。它假定了一个新的官能：信仰；假定了一个新的前提：罪的意识；假定了一个新的决断：瞬间；假定了一个新的教师：显现在时间中的上帝。没有这些新的假定，我其实是不敢有胆量让自己去审察苏格拉底这位讽刺家的，他几千年来备受后人的仰慕，我自己对他也怀着深情的敬意。要是我们说的实质上和苏格拉底说的完全一样，那就简直谈不上超脱苏格拉底的想法，至少那超脱的其实并不是苏格拉底的想法。

译者后记

克尔凯郭尔说他写《哲学片段》这样的小册子是值的。译完该书，我也有“值”的感觉。称到哲学书，大凡总不外乎两种，一种出自哲学家之心，一种出自哲学匠之手。自古以来，出自“家”的书，凤毛麟角；出自“匠”的书，汗牛充栋。“家”书与“匠”书之别，不在篇幅，不在体裁，而在识见之高超。“家”书运思，“匠”书堆砌；“家”书直显心性，“匠”书引经据典；“家”书奇诡，却有神境；“匠”书规整，罕有创意。这本小册子，犹若牧童短笛无腔，但却独抒性灵，不拘俗套。作者不阡不陌，摅其胸中之独见，锋芒所向，直指基督教的根基，即代表希腊理性精神的苏格拉底（柏拉图）框架。这本小册子，尽管笺笺短幅，然却摇撼了千古不移之教理，揭示了基督神性的真髓——个人对上帝的直接认信。这样的书，当属“家”书无疑。千古为学，唯在归心。能译这样悟心开慧的“家”书奉献给中国读者，自然是值得的。

感谢小枫和熙楠先生，使拙译有幸选入“文库”*。感谢我妻子女儿，此书翻译完稿，有着她们的一份心血。

翁绍军

一九九四年五月于沪上

---

* 此书原收入香港道风山基督教丛林“历代基督教思想学术文库”。——编者

图书在版编目(CIP)数据

哲学片段/(丹)克尔凯郭尔著;翁绍军译.—北京:商务印书馆,2017
(汉译世界学术名著丛书:120 年纪念版:珍藏本)
ISBN 978-7-100-14703-3

Ⅰ. ①哲… Ⅱ. ①克… ②翁… Ⅲ. ①哲学理论—丹麦—近代 Ⅳ. ①B534

中国版本图书馆 CIP 数据核字(2017)第 157312 号

汉译世界学术名著丛书
(120 年纪念版·珍藏本)
哲 学 片 段
〔丹麦〕克尔凯郭尔 著
翁绍军 译

商 务 印 书 馆 出 版
(北京王府井大街 36 号 邮政编码 100710)
商 务 印 书 馆 发 行
北京市松源印刷有限公司印刷
ISBN 978-7-100-14703-3

2017 年 12 月第 1 版 开本 710×1000 1/16
2017 年 12 月北京第 1 次印刷 印张 9¾

定价:50.00 元